できる先生が
実はやっている

学級づくり
の習慣

Morikawa Masaki
森川 正樹

明治図書

あなたのミッションは何ですか——。

先生になりたかったあの頃。

先生になれたあの瞬間。

先生としてスタートしたあの教室。


何十、何百、何千、何万……私たちは教師になってから何度子どもたちと話をしたでしょうか。今、話し始めた人もいるでしょう。

教師としてスタートしたら、時間は恐ろしく早く流れていきます。

いつしか毎日が〝昨日と変わらない今日〟になっている人もいるでしょう。


教師になったとき、「子どもたちにこれだけは伝えたい――」そのような思いが必ずあったはずです。そして、今もあるはずです。


それがあなたの「Mission（ミッション）」です。

あの時に戻るのです。

あの時にはいつでも戻れます。

「ミッション」を常に意識することです。

毎日を更新し、常にあなたの〝ミッション〟に戻ろう。

教師の生活は〝毎日を更新する〟ことです。
いつもいつも〝新鮮な〟教師でいることです。
鮮度抜群の（笑）。
そういう先生に年齢は関係ありません。
鮮度は「若さ」ではないのです。
鮮度は「意識」です。
鮮度抜群な先生の周りには、いつも子どもたちが集まります。
その子たちを見てミッションを思い浮かべる――。
私はこの子たちを一人残らず書くことが好きな子に育てたい。
私はこの子たちを一人残らず本好きに育てたい。

私はこの子たちを一人残らず笑顔にして帰したい。
私はこの子たちの心にあきらめない火を灯したい…。
「ミッション」があれば教師の生き方にブレがなくなります。

この本を、あなただけの「ミッション」を側に置きながらお読みください。

プロローグ

六年前の夏の日の夜、私は友人の家で夜中まで語り合っていました。

町役場に勤める友人。

友人が連れてきたAさん。彼はオオサンショウウオの生息環境を調査し、保護活動をしている人でした。

そして、小学校教師の私。

友人と久しぶりの話をした後に、Aさんを呼んでの〝宴〟をしたのでした。

三人で大いに盛り上がり、口をそろえて出てきた言葉がこの言葉でした。

仕事をしている感覚がない――。

本当に仕事に没頭している時、仕事を仕事とは思わなくなっている自分がいます。

まるで「趣味」のように仕事をしている。

「好きでやっているよね」

「だよね。それを端（はた）から見たら、一生懸命やっていますね、ってことになる」

「そうそう。でも、決して義務感があってやっているわけではないよね。楽しくてやっているというか、没頭してやっているというか」

役場主催の新しい企画を考えているという友人。

サンショウウオのことを目の前にいるかのように話すAさん。

子どもたちとのやり取りを話す私。

全員興奮して仕事の夢を話しました。

三人とも職種は全く違うのに、どうしてこんなに盛り上がるのだろう、という感覚。実に心地よい時間で、今でもハッキリと覚えています。


「教師」という仕事が好きでたまらない。

このような感覚は、「習慣」がつくります。

「習慣」とは、「無意識」でやっていることです。

ついやってしまっていることです。

つい、子どもの面白エピソードをメモしている自分。

つい、子どもと目を合わせたら笑っている自分。

子どもが自分にかけてくる言葉からその子の調子の良し悪しに気づいている自分。

これは驚きの習慣ですね。

つい、その子の良さを見つけちゃった！という自分。

とってもステキですよね。


まず意識して、「教師としてのステキな習慣」を身につけましょう。

無意識になるまで。

何度も何度も意識することで、無意識にできるようになります。

「無意識」は「意識」することでしか生まれません。

本書では、教師の仕事に没頭できる、教師の仕事がもっと好きになる「習慣」について様々な項目を集めました。

私自身が、習慣化を意識し、何度もそれによって救われてきたことばかりです。

〝実は〟やっていたということです。

教師の力量を上げるというのは、「習慣」を増やすということです。

日常を〝ただの日常〟にしないために―。

「習慣」が自分の中にたまってくれば、日頃見ている教室の景色が変わってきます。

自然と子どもがよく見えるようになる。

自然と教師としての力量を上げる道を選択している。

さあ、「習慣」を探す旅、始めましょう。

CONTENTS

Chapter 1

クラスがまとまる！習慣12

Chapter 2

「言葉」でクラスは変わる！習慣10

CONTENTS

Chapter 3 指導場面で光る！習慣15

Chapter4

子どもを見つめる！習慣14

CONTENTS

Chapter 5

子どもを巻き込む！習慣9

Chapter6 教師をもっと楽しむ！習慣17

Chapter 1

クラスがまとまる！習慣12

〝教室密度〟の濃い時間帯をつくる 1

一日の密度は同じでしょうか。

私は教室の密度は同じではないと思っています。

「朝の密度」、これが高い。朝、一日のすべてが始まる時間帯です。

一日が規定されるその時間帯の密度は恐ろしく高いのです。詳しく描写すると、**先生が教室に入る寸前から入るその刹那、そして全員での挨拶、連絡。ここまでの時間帯**を指します。

子どもたちにとって先生の姿が現れた瞬間、スイッチが入ります。

そして先生の教室入場。先日も私の足が床に付くや否や、「先生メガネ変えたーーーーー」の声が飛んできました。

子どもたちは観ているのです。観察しているのです。先生の顔を。ここで子どもたちに与えるインパクトは大きい。

自分自身が思っているよりもずっとずっと子どもたちは先生の表情を観ています。嫌な顔をしていたら、朝の一番、まだ一言もしゃべっていない状態なのに、子どもに嫌な思いをさせることになるのです。（ああ怖い。）

次に朝の連絡です。私は連絡に入る前に、短くても何か子どもたちにまつわるエピソードを話すようにしています。話す時のアクションの順番は、**「笑顔になる」→「面白いことがあったんだよ」（と前置きする）→笑顔になれるクラスの子のエピソードを語る**―、という順です。

朝は、特に全力で勝負しなければなりません。昨日家で嫌なことがあった子も、もやもやしている心を昨日から引きずっている子も、それらをリセットするのは、担任の先生の明るい笑顔と声なのです。

願わくば「笑い声」と共に始まる一日がいいですね。

笑いが起きるような話題は子どもが提供してくれます。「お、○○君、今日は朝から一際ハンサムな顔をしているね」でいいのです。

2 「あたりまえ」をつくる

教室に「あたりまえ」はありません。

元々決まっている「あたりまえ」はないのです。

「あたりまえ」はつくっていくもの。「こんなことがあたりまえのようにできるようにな
ったね」と言ってつくっていくのです。

あたりまえにも大小様々あります。

A君にとって「あたりまえ」になったのは毎日宿題をやってくること。

Bさんにとって「あたりまえ」になったのは毎日手を挙げて発表すること。

チャイムが鳴って全員座れるようになった「あたりまえ」。

給食の用意を早くできるようになった「あたりまえ」。

「あたりまえ」をつくる。これはとても難しいことです。

教師は「あたりまえになったらいいなあ」と思うことを頭の中に描き、常に子どもたち

に働きかけていかなければなりません。

そこで大事なのは「根気」です。

そこで大事なのは「継続」です。

地道に続けるしかないのです。

「あたりまえ」をつくるのには時間がかかります。

時間をかけてじっくりと、でも常に「あたりまえになっている姿」を頭に置きながら一歩一歩進んでいくのです。

学級経営とは、教師と子どもたちで「良いあたりまえ」をつくっていく行為なのです。

3

“ワクワク”を伝染させる

あの先生楽しそうだなあ。

この授業何だか明るくていいなあ。

子どもたち、ノリノリだなあ。

これらは、授業者である教師が、子どもたちにワクワクのオーラを伝染させているのです。


「ワクワクのオーラ」は、教師が心底教師という仕事を愛している時に出ます。

「ワクワクのオーラ」は、教師がその授業内容についてのめり込んでいる時に出ます。

「ワクワクのオーラ」は、遊び心のある教師から発散されます。

「ワクワクのオーラ」は、教師自身が楽しんでいる時に出ます。

「ワクワクのオーラ」は、笑顔の教師から発散されます。

「ワクワクのオーラ」は、子どもが大好きな先生から発散されます。

これらのケースが一度に満たされると、オーラはドッと発散され、そのオーラをまとったワ**ワクワク先生**が誕生します。

反対の場合もあります。

「トゲトゲのオーラ」です。

私が初めて赴任した学校で見た、子どもを蹴散らすように廊下を歩く女性の教師は「トゲトゲのオーラ」が出ていました。見事に（笑）。

指摘ばかりする管理職の先生からは「トゲトゲのオーラ」が常に出ていました。

教師が話しかけにくい教師は、子どもも話しかけにくいのです。

それらの先生の共通点は、いつも眉間にしわが寄っていることです。

決して人のことを良く言わないことです。

明るく話さないことです。

子どものマイナス面ばかりを見ていることです。

子どもの前に立つ教師たるもの、「ワクワクのオーラ」を身にまといたいですね。

4 誰よりも明るくある

担任の先生は、教室の中で誰よりも明るい存在でなければなりません。

〝目立つ存在〟ではありません。〝明るい〟存在です。

ちょっと気分が沈んでいた子が、登校してきてその先生を見るなり、少し明るくなれるような存在。

言うなれば、**教師は子どものパワースポットであるべき**だと私は思います。

その先生の隣にいるだけで、何だか楽しくなっちゃう。

その先生の隣にいるだけで、何だか笑顔になっちゃう。

その先生の隣にいるだけで、悩んでいたこともバカバカしく思えてきちゃう。

このような先生になれたら最高ですよね。

伊勢神宮のような先生、とまではいかないにしても（笑）、時にはゆったりと子どもたちを包み込み、何でもこいというような存在。

現実に教育現場では様々なことが起こります。

だからニコニコ、明るくゆったりしていることが難しいように感じることもあります。

しかし、子どもたちの背景にはもっと様々な家庭環境が広がっています。

家では居場所のないような子さえいるのです。

家ではずっと気を張っている子や、親に甘えたくても甘えられない環境で生きている子もいます。

そんな時、唯一学校だけが、学級だけがその子にとってのオアシスになるのです。

そこでの教師は、ニコニコしていたい。

明るくありたい。

自分自身がパワースポットって、素敵な仕事ですよね。ワクワクしてきませんか？

5 テンションのコントロールをする

子どもが受け取っている教師のテンションは、こちらが思っているよりも低く受け取られていることが多いものです。

子どもたちは元々テンションの高い存在です。こちらもいつもいつも合わせる必要はありませんが、たまには子どもたちのテンションに乗っかってみましょう。

そんな時のテンションはいつもの二割増し、くらいでちょうどです。

声を高くしてみる。

身振りを入れてみる。

ニコニコ顔……。

〝俺、結構ぶっとんでるなあ〟と感じるくらいでちょうどです（笑）。

繰り返しますがいつもこのような感じ、というわけではありません。

しかし、テンションをガガーッと上げておくことも時には必要です。

気分がのらない時こそ効きます。無理矢理にテンションを上げてしまうのです。その時はこう言いましょう。

「先生テンション上がってきたわ！」

宣言してしまうのです。

顔は結構真顔でも、言い切ってしまうのです。テンション最高潮だ、と。

そう言い切ってしまうことで、そうならざるを得なくなります。しかし不思議なことに、次第にテンションが上がっている自分に気づくはずです。

テンションを上げるのではなく、「テンションが上がっている」と言うからテンションは上がるのです（あれ？伝わりました？）。

宝塚歌劇のステージと小学校の教室は世界一テンションの高い場所です（笑）。

我々教師はそんなところに勤めているのですから、ある程度のテンションのコントロールは必要です。

いつもいつもローギアで、省エネで過ごしていることはできないのです。

6 いきなり突入する

子どもたちの前で話すのに、「前置き」はいりません。

いきなり〝突入〟です。

「先生の家には五本のクリスマスツリーがありまして…」といきなり話し始めるのです。

子どもたちは「え～っ」と言います。

話しはじめに「静かにしなさい」とか、「先生の話をします」とは言いません。

次に、朝礼での話。全校生を前に話します。

こんな時に、「え～、では今日は森川先生からお話をします」と言う必要はありません。

「これを見てください」と言って実物を見せるのです。

「横断歩道の縦線がなくなっているのを知っていますか?」といきなり話し出すのです。

気になりますよね。自分で調べてみてください（笑）。

いかにいきなり突入して子どもの注目を集めるか、耳目を集めるかを考えるのです。

余計な「前置き」を付けるほど、話は濁ります。

単刀直入に始めるのです。

例えば、水泳指導は「いきなり突入」の典型です。

単刀直入に、ちょっとでもいらない言葉を削り落とさないとプールの中の子どもたちは誰も聞いていません。


あ、最初の話のオチですが…私の家には小さな小さなクリスマスツリーが玄関やらトイレに飾ってある、というものです。え？　聞いてないって？　失礼いたしました。

7 〝信用貯金高〟を増やす

子どもたちに信用されているか、それは教師にとっての生命線です。

特に高学年の場合、子どもたちが担任の先生のことを「信用しているか」はとても重要な学級づくりの要素です。

「何気ない口約束」には注意です。私もこれでよく失敗をしました。

「よし。じゃあ明日の休み時間には○○してあげるね」と一度言ったら、子どもたちはきちんと覚えています。きちんと（笑）。

「ごめん。まだノート見ていないんだ。明日返すね」と言ったら必ず明日返さなければなりません（と今まさに自分に言い聞かせています。苦笑）。

そこでまず大切なのは、**「できない約束はしない」**ということ。危ない時は、「絶対とは言えないんだ。ごめんね」と付け加えておきます。

大事なのは、**「先生は絶対に約束は守ります、と宣言して実際に守る」**ということです。

時間はかかっても必ず守る。

例えば体育の時間がなくなったら子どもたちからは大きなブーイングですよね。その時に「必ず違う日に体育するよ」と言ったとしたら必ず体育の時間を取らなければなりません。

それから、子どもたちから話しかけられたら絶対にスルーしないことです。例えば今担任している子たちは、「先生、○○さんが何か言っています」とか、「先生、○○さんが質問しています」とその子の友だちがわざわざ私に言います。もちろん私はスルーしないように心がけているので「オッケー。ありがとう。順番に聞くからね」と応えます。

特に高学年になると、**本人だけではなく、周りの子が先生の対応を見ている**のです。ここでスルーしてしまうと、渦中の子の半径三メートル以内にいる子の信用メーターまで下がるのです。

教師以前に、人として、「信用」を基盤にした付き合いをしたいですし、常に子どもたちの信用を得ることに全力を尽くす姿勢でありたいと思います。

8 「説得」よりも「共感」で話す

人は、「納得」はしたいけれど、「説得」されたくない生き物です。

子どもに話す時も、大人に話す時も、「説得」色が出すぎると伝わりにくくなります。

それでは話す時はどうするのか？

それは、**「説得」よりも「共感」で話す**のです。授業も同じ。「そうそう！」「あるある！」と子どもが思う時、学びは定着しやすくなります。教師が必死になって「ああなのだ、こうなのだ！」と熱弁をふるうだけでは全員の子を理解させることはできません。

また、どうも子どもたちがのってこないなあ、という時があります。それは、教師自身が〝説得〟しようとしているからです。**自分側に何か気づきがある時に人は納得します。**

強引に「説得」しようとした〝北風〟は旅人のコートを脱がすことに失敗しました。

〝太陽〟は、旅人自らが暑くてコートを脱ぐように仕向けました。

〝太陽先生〟になるのです。

「階段をドンドンいわせて降りない！」と言わずに、「豆腐の上を歩いているように降りてごらん」と言ってみる。

組体操の練習で「土台、耐えろ！」と最初から言わずに（笑）、「今一番きついと思うけれど、耐えろ」と言う。

〝寄り添う言葉がけ〟で子どもは頑張ることができます。

子どもに媚びを売れ、と言っているのではありません。

教師はドーンと直球で伝えることも、ちょっと寄り添って話してあげることも両方必要なのです。

子どもが納得して考える、納得して動く、そのような状態に持っていくことが大切です。

「納得して動いているか」、ここは大きな押さえるべきポイントなのです。

9 生徒指導は〝図解〟する

生徒指導の話をする時、または子どもたちに何かを語る時は、「図解」して話すことも有効です。

例えば、「噂を運んでくる人が悪い」という話をしようと思ったら、そのまま話すよりも棒人間を三人書いて、A、B、Cとして矢印を書きながら話すのです。

「AさんのことをBさんは勘違いしてCさんに伝えてしまったんやな」

「この場合、噂を運んでいることになるのはBさんだ」

などと黒板の図を指で指しながら話すので、子どもたちの理解を助けます。

また、直接子どもが関わっているようなことを例に出すのが難しい時に、個人名ではなく、棒人間にその役割をさせることができ、客観的な話として紹介できます。

時々ユーモアを交えて、図解した中の一人をクラスの中の〝あの子〟のイラストにして話すと笑いが起きます。色々工夫できますね。

10 「善人捜し」をする

何かトラブルがあった場合、注意すべき子が判明している場合は直接その子に指導します。判明していない場合は全体指導をします。

追求するところを間違えては大変です。同じようなことが起こらないように、全体に返すのです。

反対に、「素敵なこと」は些細なことでも誰がやったのかを捜します。「落ちていたサブバックを拾ってしまってくれていた」「雑巾ラックを整頓してくれていた」「落とし物を拾い、表示して呼びかけてくれていた」、…そのような時は、

「誰ですか？　ここに落ちていた雑巾を拾ってくれたのは？　名乗りもせずにそっと拾ってかけておくなんて、すごいなあ。先生、そういう人大好きです」

と話します。だって、本当に素敵ですよね。そういうことができる子って。そんな時は取り上げて、そういうやさしい空気、素敵な振る舞いを教室のすべての子に触れさせるのです。

11 アツアツを食べる！

給食指導はその先生の意識が強く表れる場面です。

私は給食はほぼ一番に給食室に取りに行っていました。

アツアツの給食を食べたかったからです（笑）。

アツアツ、できたてを食べることは、つくってくださった方に対する礼儀だと思っています。

一番美味しい状態の時に食べる、これがマナーです。

アツアツで食べるためには、四時間目の授業の終わりを意識する必要が出てきます。少し早めに終わろう、そのためにはここまで進もう…と授業がスマートになります。

また、給食当番の動きも考えるようになります。「遅れてくる子を待つと待ってもらえるからますます遅れてくる」→「ではそもそも集合場所を変えよう」→「見えないところで集合」→「当番が出発したのかわからないから遅れている子も急ぐ」という具合に教師と子どもの意識と動きも変わってくるのです。

余談ですが、早く取りに行きすぎて給食室のシャッターが開いておらず、シャッターの前で整列して待って、ゴゴゴゴ……と開いてきたら、私を先頭としたクラスの子たちの姿が現れる……なんてこともあり、笑われました（逆に迷惑ですかね？）。

さて、給食を取りに行き、受け取る前に挨拶をします。

その時にいい加減に挨拶をしている子がいる場合、きちんとやり直しをさせます。食材と、つくっていただいた方に感謝してありがたくいただく。だから「いただきます」と言うのだ、ということを話します。

給食を配る時に投げるようにして配る子や、簡単に残そうとしてしまう子に対しても意識を向けていなければなりません。やり直しをさせます。残す時には、「ごめんなさい」と残す食べ物に向かって言うようにさせます。これは、私が家で子どもの頃から言われてきたことです。

教師は、給食時間にただ配膳をしているだけでは意味がありません。給食時間も〝指導〟なのです。配膳を考えながら、配る子の所作、待っている子の様子など、常に同時にいくつものアンテナを張っておく必要があるのです。

いきなりはできません。しかし意識をする、ということが大切です。注意する時はサラッと、でも確実に。

そうやって意識することで「給食時間の仕事」というものが見えてきます。これは楽しいことです。「よし、給食指導を極めてやるぞ！」と楽しめば良いのです。

12 “挑戦権”を放棄しない

何かをやらせてみる前に、「とてもうちの子たちには無理です」という言葉はNGです。

「とても無理です」と言うと、無理になります。

「とてもできません」と言うと、できなくなります。

自分のクラスの子たちには難しいと思う時は、「うちの子たちならこうしよう」です。

クラスの子どもたちの伸び率は、担任の先生にかかっているのです。

一年間のほとんどを過ごすことになる教室。その教室で行われる活動、学びの数々はすべて担任の先生にかかっているのです。

これはよく考えたらものすごく怖いことです。

例えば途中で監督が入ってきて進行状況をチェックするわけでもありません。

校長先生が入ってきて点検するわけでもありません。

教育委員会が入ってきて観察することもありません。

研究授業や参観日はありますが、クラスの子どもについて、授業について、たくさんの大人が入って「ああだ、こうだ」と検証することはないのです。

だから、**担任の先生があきらめたら終わり**なのです。

挑戦しなかったら始まることすらありません。

担任の先生のさじ加減にすべてがかかっているのです。

新しいことへの〝挑戦権〟は、担任の先生が握っているのです。

新しいこと、ちょっと高度なこと、面白いこと、背伸びすることに子どもたちをぜひ挑戦させましょう。

子どもたちを信頼して、色々なことを教室に持ち込みましょう。

挑戦する子どもたちの姿は挑戦する教師のいる教室でしか生まれないのです。

Chapter2

「言葉」で
クラスは変わる！
習慣10

13 「言葉」を大切にする教室

「道端に咲いている草花のような言葉」とは、作家の谷川俊太郎さんの言葉です。

我々教師は、毎日の生活の中で、子どもたちの実に様々な「言葉」に出会っています。

「言葉」を意識しなければなりません。「言葉」を大切にしなければなりません。

「言葉を大切にする」とは、「言葉に気づける」ということだと私は考えます。

授業中挙手した子を指名して、発表を取り上げる、いわゆる〝王道を行く〟「言葉」のやり取りだけではありません。

「つぶやき」といった道端に咲いている「言葉」にいかに気づけるか、です。

子どもたちが休み時間に発している「つぶやき」に気づける。

子どもたちが給食中に会話している時の「つぶやき」に気づける。

子どもたちの毎日書いている「文章」の中身で気づける。

子どもたちの会話の中の友だちを傷つける〝トゲ〟に気づける。

遣う言葉から、違和感に気づける。

遣う言葉から、やさしさに気づける。

遣う言葉から、その子が沈んでいることに気づける。

教師に話してくる言葉から、家で何かあったな、と気づける。

教師に話してくる言葉から、友だちと何かあったな、と気づける。

こうした様々な場面で遣われる「言葉」から、**様々なことをこれでもか、と気づいていけることこそが、「子どもの言葉を大切にする」**ということなのです。

例えば、次のような言葉を受けた時にどのようなことが想像できるでしょうか。

「先生、○○って、知ってる?」→「○○について調べてきたよ」

「先生、休みどこか行った?」→「私はこんなところに行ってきたよ。聞いて！」

「先生、今日は読まないんですか? ノート」→「私のを読んでください！」

子どもたちの投げかけてくる言葉から、〝内なる声〟を聞けるようになりたいと思っています。それが言葉に気づくことであり、言葉を大切にするということです。

14 聞き逃さないにも程がある?!

学生の時、私はキャンプリーダーをしていました。

その時に尊敬していた先輩のリーダーは穏やかな感じで子どもに接し、プログラムも流れるように進めていく人でした。

私はその人から色々と学ぶわけですが、その人を観察していて気づいたことの中に、「子どもの話を聞き逃さない」ということがありました。

キャンプでは子どもたちが様々なことを言いに来ます。

体の変調を言いに来る子。

次のプログラムについて聞きに来る子。

部屋の中でのトラブルを言いに来る子。

お米を炊いている時にトイレに行きたいと言い出す子。

中には言いに来るまでいかずに、つぶやきレベルのこともたくさん。

そこをいかに聞き逃さないか、ということなのです。

私が教師になってそのことを意識してみると、キャンプの時の10倍、100倍、100倍、子どもたちからかけられる言葉、話、子どもたちがつぶやいているシーンが増えました。

そこで私は、**「聞き逃さないにも程がある教師」になりたい**と願いました。

それもあって、私は子どもたちの面白い話、素敵なつぶやきをメモするようになるのですが、今でも「聞き逃さない」ことの難しさ、大切さに気づかされる毎日です。

聞き逃さないにも程がある、それは給食当番の列を率いていて、一番後ろの子が呟いたことに答えるイメージです。

教室の右端の列の子と話していて、左端の子の「わからん」という呟きが聞こえるイメージです。

子どもたちに、「先生聞いてますか?」と言われたらアウトです。

いや、実際には「聞いてますか?」と言える子は一部です。滅多にいません。

それよりも、「聞いてもらえずに、感じてもらえずに先生の前から退場する子」の方が大多数です。

今これを書いていてもゾッとします。
毎日そのような子をたくさんつくってしまっているのではないか。
常に危機感です。
子どもたちの前では意識していなければなりません。
巨大なパラボラアンテナを背中に背負っているイメージです。
自分の周りに〝集音マイク〟を持たせた分身を配置しているイメージです。

「聞き逃さないこと」は、**「学級経営の柱」**なのです。

15 “サッパリ”と話す

一言、ポンと伝えれば良いのに、ダラダラと尾ひれが付いてわざわざわかりにくく伝えてしまう人がいます。

掃除中に子どもに急遽何かを頼む場面です。

「プリントをすぐに配ってください」と言えば良いのに、「このプリント新しく印刷したんだけれど、ちょっと今先生手が離せないから、悪いんだけど、今しているほうきをやめて、一列ずつ順番に配ってくれないかなあ」とやってしまいます。

サッパリと話す習慣を付けましょう。

サッパリと話す、とは一言で話すことです。

サッパリと話す、とはできるだけ修飾せずに、結論をシンプルに伝えることです。

聞いている人への一番のギフトは早く終わること、と言っても過言ではありません。

ましてや我々の相手は子どもです。

ダラダラ話して良いことは一つもありません（語る場合や、お話をする場面は別です）。

特に指示は端的に、サッパリと話します。

微妙なザワザワがあれば、「音を0にします」や高学年なら「ノイズをなくします」。

授業の最初に教科書を聞かせる場合に、「教科書○ページ」。

体育の授業のウォーミングアップで「前跳び20（回）！」

指示の時は、細かい描写よりも瞬間的にイメージできる言葉で話すのです。

16 〝粋な計らい〟をする

音楽会の最後に児童の代表が挨拶をします。「終わりの言葉」です。

ピアノ伴奏の中、卒業を控えた六年生の児童がお客さんに語りかけるように話を始めました。

会場は水を打ったように静寂になります。

音楽会の空気を最後にもう一段階引き上げる素晴らしい挨拶でした。

何人ものお客さんが涙しています。

最高のフィナーレです。

割れんばかりの拍手がその子に送られました。

さて、プログラムはこの言葉で最後ではなく、もう一つありました。

「教師側の終わりの言葉」です。

さて、あなたが話すなら何と言いますか？

このようなケースはよくあることだと思います。

私なら、

「今の言葉がすべてです。この素晴らしい余韻を残して終わります。本日はありがとうございました」

と言います。

ここで、いわゆる先生然とした話をすることに意味はありません。

この場合は、会場の空気を、言葉の余韻を最大限尊重して、教師側の言葉はスパッと終わるべきなのです。早々に切り上げる、それが最高の〝終わりの言葉〟ではないでしょうか。

今、この瞬間に判断するという時、基準となるのはまぎれもなく「子ども」です。

今これを言ったら、空気を壊すなあ。

ここでは敢えて黙っていよう。

〝粋な計らい〟ができる教師でありたいものですね。

17 先に「プラスの予告」をする

子どもたちに話す時に、良い話をする時は特になのですが、「先に宣言してしまう」ことです。

「先生今から褒めたいんだけど…」

「良いことが二つあってね、それを今から話すんだけれども…」

「素敵なことができる人って魅力的だよね…○○君の話なんだけど…」

「今の練習でさすがと思ったことなんだけれど…」

このような**「プラスの予告」がされれば、子どもたちは最初から気分良く話を聞けますし、絶対的な安心感を持って話を聞ける**のです。

子どもに一秒でも「え？　何のことだろう」とか、「怒られるのかな」と思わせる心配がありません。

このことは、実際に教室でやってみればわかります。先のような言葉を言った途端に教室の空気がサッと柔らかくなる感じがするのです。

子どもたちの表情がサッと柔らかいものになるのです。

褒める時は少しでも〝褒める感〟を出して褒めたい。子どもたちにとっては、〝褒められる予感〟がするのです。

褒めることができる〝瞬間〟を最大限活用する。

これは、クラスがガチャガチャしている時や、何度も何度も注意される場面が続いている時などに特に効果的です。

あと、もちろん「プラスの予告」をする時の顔は、とびっきりの笑顔でね。

18 〝やっぱり〟は負けと心得る

子どもたちに「やっぱり」と思わせていないでしょうか。「やっぱり」の積み重ねは教室の空気の弛緩を生みます。

「やっぱり」の数と、教師への信頼度は反比例します。

「やっぱり先生忘れてるよ」

「やっぱり宿題増やされた」

「やっぱりあの子ばっかり」

「やっぱり書かされるのか」

「やっぱりこの展開……」

あげればきりがありません。良い繰り返しはいいのですが、子どもが「やっぱり」とマイナスな方向を想像してしまう展開は避けたいものです。

ここで先生怒るだろうなあ、と思っていたら怒った。

ここで先生とにかく書かせるだろうなあ、と思ったら書かされた。

ここで先生はまたAちゃんに聞くんだろうなあ、と思っていたらAちゃんがあてられた。

ここで先生は話し合いって言うだろうなあ、と思っていたら話し合い。

次の活動を子どもが予測できるのは子どもたちが安定していて良いことなのですが、ここで取り上げているのはそういう話ではありません。授業の中でのマンネリ、教室の中での決まりきった対応、子どもへの接し方、そのようなことを言っているのです。

「やっぱり」が子どもの頭の上に浮かんでいる教室、それは**子どもの手のひらの中で教師が踊っている**のと同じことです。

「え？　意外に褒められた」

「え？　そんなことでいいの？」

「え？　こんなお題で書くの？」

といった「え？」を増やしていくことで、子どもたちの授業への、クラスの仲間への、先生への意識が高まるのです。

19 〝その一言〟を聞くために日々を積み重ねる

ある日の授業記録です。


冬休みの連絡を話している時。

国語の初発の感想を書いてくる、という宿題で、「1ページ以上」とあった。それに対しAが、

「先生1ページって、見開きの？」と聞いてきた。

「いいや、違うよ。半分の普通の1ページ」と言ったら、

「よっしゃーそれなら楽勝や！」と。

嬉しくて、「もう一回言って」と計三回言わせた。笑
クラスは爆笑だった。

「先生はこういう声が聞けたら本当に嬉しいんや。その一言を聞くために仕事しているんやで」と話した。

A君は最初「書くこと」が苦手だった子です。

「え〜、書けへん」と言っていた子です。

その一言を聞くために我々は仕事をしているのだとこの時改めて実感しました。

終業式の日に、大きなギフトをもらったのでした。

私たちの毎日の営みはすぐに結果の出るものではありません。でも、ある日突然ギフトがあります。それは子どもの一言であったり、子どもの何気ない所作であったりします。

それを心の底から感動できる教師でありたいですね。

それをガッツポーズできる教師でありたいですね。

やっぱり教師って素敵な仕事です。

20 「子どもなんだから」ではなく「子どもだからこそ」

学生時代にキャンプリーダーとして、小学五年生の子たちを五泊六日のキャンプに連れて行った時のエピソードです。

ある子がリーダーの靴をしきりに踏んでは逃げる、というイタズラ（というか悪ふざけ）をしていました。私は注意しようとしたのですが、先輩のリーダーがこう言いました。

「子どもなんやから別にええで」。

でも私には違和感がありました。キャンプは学校行事で行っていますし、何よりも随分と人に迷惑をかけているのです。微笑ましくもありません。

駄目なことはきちんと遠慮せずに駄目と伝えるべきではないか、そう強く思ったことを思い出します。

「子どものために」と思うのなら、きちんと注意して、それは良くないことなのだと伝えてあげるべきです。今ならそう自信を持って言えます。

子どもだからこそ、なのです。

まだわからないことがたくさんある子どもだからこそ、周りの大人は「いけないこと」をきちんと教えてあげるのです。教師として言うのなら、「伝え方」を工夫すれば良い。

「子どもなんだからいいよ」という場面もあります。教育的な場面ではない、微笑ましい場面などがそうでしょう。しかし、こと教師を目指す人、教師である人は簡単に「子どもなんだから」を口に出してはどうか、と思うのです。

そういう人は教師に向かない人です。

子どもだからこそ、という思いでどんどん勝負しましょう。

遠慮はいりません。

良くないこと、と思ったら堂々と注意し、子どもになぜ駄目なのかを語りましょう。

21 常に「子どもに話すなら」と考えて聞く

社会見学の引率や、遠足での引率の際、施設の人の説明を聞くことがあります。

その際は常に「自分なら今の説明をどう話すか」ということを考えて聞きます。

また、自分が博物館や、資料館などで説明を聞いている時は、「これを子どもに話すなら」と考えて聞いている自分がいます。

「良い話し手」を目指すなら、常に「良い聞き手」であることが大切です。

「話す」と「聞く」は表裏一体です。

人の話を聞き、自分なりに変換するという作業は、確実に自分が話す時に役に立ちます。

日常的にその変換作業を意識していることが重要なのです。

先の場面だけでなくとも、朝会では校長先生が話す話を自分ならどう話すか考えて聞きます。

テレビで歴史番組を見ていたら、「これを子どもに話すならここをこう…」と考えます。素晴らしい話し方に出会ったら、メモします。

ニュアンスもメモします。例えば、「最初にちょっと間を置いて、にやっと笑ってから一枚のお札を出した」という風に、マジックショーを見ていても常に「自分のこと」に寄せて考えます。

やらなければと思ってやっているのではありません。

楽しくてやっているのです。

趣味みたいなものです。

こうすれば何でも教材になります。

自分への投資になります。ネタ集めになります。

「話し方」も「聞き方」も**意識して（自分ならどう話すか）、行為に落とす（メモする）ことで、それはすべて貴重な肥やしになる**のです。

自分の経験値を一つ上げることになるのです。

22 ありがとう×100

万国共通、職種関係なし、生きていく上で様々な人が口をそろえてその効果を実感している「魔法の言葉」がありますよね。

そう、「ありがとう」です。

「ありがとう」は、子どもに言わせる言葉だと思っていませんか？

「ありがとう」は、教師が言うのです。子どもに。もちろん指導の過程で子どもたちにきちんと「ありがとう」を言わせる場面は数多出てきます。しかし、ここではカテゴリーの違う話をします。

一番最初に、そして率先して「ありがとう」を使い、その効果を実感するのは教師なのです。

何度注意してもきかない。何度も同じことを繰り返していて、ほとほと疲れてきた。もはや注意が注意でなくなっている……そんな状態でまた注意しても解決しません。注意をする時って自分の気持ちも暗くなりますから、そればかりだとこちらがまいってしまいます。

この状態では、もう一つ大きな危険が生まれています。それは、「その子の良いところ」も見えなくなっている可能性が高い、ということです。

そこで登場するのが、「ありがとう」です。

「注意」の代わりに「ありがとう」を増やすのです。

朝、元気に挨拶してくれて「ありがとう」。

掃除の時間に、綺麗に掃いてくれて「ありがとう」。

先生の話をわかってくれて「ありがとう」。

元気に遊ぶ姿が教室にパワーを与えてくれているよ、「ありがとう」。

「ありがとう」の真の効果はここからです。A君に「ありがとう」を言おう、言おうとすることが、「その子の良さ」を探すことにつながるのです。ほんの些細なことでもいいから何かその子の良いところはないか、という〝子どもの見方〟になるのです。「ありがとう」、それはやはり教室でも「魔法の言葉」なのです。

Chapter3

指導場面で光る！習慣15

23

教師の考えを具体的に示す

子どもたちに考えさせるのが良いことだからといって、いつでもまず子どもからである必要はありません。

まず教師が具体的に自分の考えややり方を述べることも大切です。

例えば私がよくやるのは、授業中のノートのとり方、メモのとり方に関してです。

「ここで森川先生だったらこう書くだろうね」と言いながら、黒板に実際に書いて見せます。

そして、「そのように書こうと思っていた人?」と聞きます。

さらに、「Aさんは、それに近いことを書こうと思っていたんじゃないの?」とノートのとり方が上手な子に話を振るのです。

同じようなケース、次はいきなりそのAさんに話を振ります。

「この場合、Aさんならどう書く?」とその子にゆだねてみるのです。

「教師の見本を示す」
←
「子どもたち、やることがわかる」
←
「（次に同じような場面で）得意な子にゆだねる」
←
「以前に先生の見本があったので、安心して自分の考えを示せる」
←
「他の子も真似をする」
←
「クラス全体の財産になる」

このようなプラスの連鎖を生み出させるのです。
そのための最初の教師自身の見本提示なのです。

24 教室に流れている「時間」を支配する

研究授業などの際に、教室でストップウォッチが使われる場面をよく見るようになりました。

教師が手に持ってカチッと押すタイプはまだいいのですが、黒板に貼って使う「表示型」のタイプは使い方、使うタイミングに気をつけなければなりません。

表示型のストップウォッチの危険なところは、「時間を教師が操作できない点」です。

当たり前ですが、時間が来れば鳴ります。

しかし、教室で子どもたちに提示する時間は必ずしも正確な時間が良いとは限りません。

できなかったあの子が、あと一歩でできあがる、という時に、「時間切れを知らせる音」は必要ないのです。

教室の時間は教師が支配するものです。

「はい、そこまで」の言葉は教師がかける。そこにはAちゃんのことを知っている担任の先生しかできない様々な配慮があるのです。

「はい、そこまで」をいつもいつもストップウオッチに任せてはいけないのです。

「昨日よりもたくさん書けたやん！」と声をかけるために**「時間切れ」は教師が意図して合図する**のです。**もしかしたらあと十秒待てば、昨日の自分を越えられる子が何人もいるかもしれない**のです。

そこに、ストップウオッチの機械音。怖いですね。

教室での教師の行為は様々な意味を持ちます。

さらに、「時間」も、その時々で持つ意味は様々に変わるのです。

たかがストップウオッチ、されどストップウオッチです。

ストップウオッチがいけない、という話ではありません。考えなしに使うことは避けましょう、ということです。

根底に流れていることが、「子どもたちにとってどうか」ということです。常にそこを前提に考えるようにすれば何事もブレることはありません。

25 「授業」は「演劇」とは違うと知る

「授業」と「演劇」や「テレビ」などとの違いはなんでしょうか?

それは、**「演劇」はお客さんが全員「観たくて(参加したくて)会場に居る」のに対し、「授業」は、お客さん(子ども)が全員参加したくてそこに居るわけではない、**ということです。前者は「積極的な観客」と言えるでしょう。後者は「義務的な観客」でしょうか(義務教育だけに?)。

でも……だから面白い。

わからなくても子どもはその場に居なければなりません。面白くなくてもチャンネルを変えることはできないのです。

教室の子どもたち全員に、「授業が楽しみ」「早く授業がしたい」と思わせてやるぞ!という気概を持たないといけません。全員に思わせるのは難しいことですが、その部分の意識なしに、この仕事はつとまりません。「授業」は教師の本分ですから。

そこで、授業の工夫をします。お勉強のしんどい子でも〝入っていけそうな〟工夫をする。お勉強が得意な子でも〝やってみたい〟と思わせる工夫をする。

例えば漢字ドリルにトレーシングペーパーを重ねさせて、書き込みさせる。毎回するわけではありませんが、お勉強のしんどい子はこのような仕掛けが大好きです。喜んで取り組みます。

例えば「演出」。私は、「宇宙人からの手紙です」という導入をしたことがあります。観たこともない文字の羅列を書いて、それを広げながら日本語に訳して読むのです。これはウケました（笑）。

子どもたちは目に見えてわかる時、手に取るようにわかる瞬間に心が動きます。メモしようとします。やはり学びを実感できるような様々な工夫が必要なのですね。そのために「視覚化」したり、「焦点化」したりするのです。

最後にひとつ言えることは、子どもの力は際限がない、ということです。**どれだけ疲れていても、どれだけテンションが下がることがあっても、授業が面白ければ生き返ってきます。**前のめりになるのです。

26 「答え」よりも「理由」をきく

常に「答え」を必死に考えさせてはいないでしょうか？

もちろんそのような場面は多いですが、逆の思考は子どもたちの多様な考え方を生みます。

「答え」を提示して、「理由」を考えさせるのです。

「答え」はそこで完結ですが、「理由」にはたくさんの道筋をたどる面白さがあります。

例えば国語科の説明文の授業。文章構成を捉えさせるために、「文章を区切る」という活動をさせることがあります。その時は、いつもいつも「どこで切れるか」を問うのではなく、**「ここで切れるけれど、それはなぜか」で問うてみる**ことも一つの手段です。

「切れる箇所は？」と答えをきくのではなく、「どうしてそこで切れる？」という理由をきくのです。

別項で紹介している「アイコンカード」も、言うなれば、先に「答え」ありきで、その理由を考えるという活動です。

国語の物語文なら「場面」を表すイラスト（アイコン）があり、それがどこのことなのかという理由を考える。

中心人物の「表情」を選択した上で、その表情が読み取れる箇所を探す。

授業を進めていく上で、我々教師の〝きき方〟はとても重要です。

〝こうあるもの〟という考え方は怖いです。

「この場合、どちらからきくか」という意識を持つ習慣が大切です。

27

〝余計な情報〟は入れない

授業で提示する写真や、表、文字、教師の説明などの情報は、できるだけシンプルにします。例えば社会科で子どもたちに漁業の授業をしている時に、シンプルに「巻き網漁」の写真を提示するとします。その際は、伝えたい巻き網漁の様子がダイレクトに伝わるもの、言い換えれば「それしか写っていないもの」を用意します。もし、写真の奥に別の漁船や、綺麗な夕焼けなどが写っていたとしたら、そのことを情報として受け取ってしまう子どもが多くいるのです。

「舞台」のセットも、余計な物はつくらず、できるだけシンプルにするといいます。舞台の進行に関係ない物をつくると、お客さんが、これも何かの情報だと受け取ってしまい、何があるのだろうと思いを巡らせてしまうからです。

人の前に立ち、話や提案、情報を発信する者は、**必要な情報を集めることはもちろん、必要ではない情報をカットする、出さないようにすることもまた大切な配慮**なのです。

28 「言葉」を狭める

私はついつい話しすぎてしまいます。

盛り上がるとどんどんしゃべってしまう（笑）。

しかし、授業では言葉を狭めなければなりません。

授業づくりは、教師の言葉を狭めていく作業であると言えます。

いかに、教師の言葉は少なめにして、子どもたちが前のめりになるような授業をつくっていくか。

「発問」はシンプル。それでいて、投げかけると子どもたちがワッと動き出すような。そんな発問をつくりたいものです。

私は今、「アイコンカード」というイラストカードを使った授業の進め方を模索しています。

例えば『大造じいさんとガン』。この教材では、大造じいさんの表情を扱います（図参

照）。

表情の違いを何パターンかシンプルに描いた「表情カード」を用いて、大造じいさんの表情を文中から探させるのです。子どもたちは私の提示した表情では足りないことに気づき、自分たちで描かせてくれとせがみます。そこで、「のっぺらぼうのカード」の登場です。子どもたちは文章を読みながら、表情の変化をイラストにしていきます。その過程で、大造じいさんの心情の変化を読み取らせたいと思ったのです。

このカードを使う時の発問はいたってシンプルです。

「この表情はありますか」

です。これだけで、子どもたちは教材文を読んだり、隣の子と相談したり、わかった！と手を挙げたりと生き生きと動き出します。

「（カードを二枚提示して）どちらの表情が近いですか」「（カードを複数提示して）この中から一番合う表情を選びなさい」など、発問はシンプルなものとなります。

カードは「表情」だけではありません。「場面」や作中に出てくる「アイテム」のカードも使います。

いずれも提示するだけで子どもたちが前のめりになるツールです。

言葉を狭めることは意識しなければできません。

今回示した「カード」は、言葉をそぎ落として、子どもの意識を意欲的に作品に向けさせる有効なツールです。

「言葉」を狭めようとする意識が、新たな授業方法を生むのです。

29 「発表できる子」が育つ土壌づくり

「発表させたい」これは多くの教師が授業中何度も頭をよぎる意識ではないでしょうか。子どもたちが発表しないのは「わからない」よりも、「自信がない」ことに依拠する部分が大きいように思います。「間違っているのではないか」「変なことを言ったら笑われるのではないか」…。メンタルが大きく関わっているのです。

そこで、「わかる」ようにしていくことは前提として、「空気を吸うように発表できる」集団を意識していく必要があります。

四月から様々な場面で小さなアクションを起こしていくのです。

・挙手のサインを決めて、「手を挙げる」という行為自体に免疫をつける。「〝チョキ〟は、考えはあるけれどあてないで、という人ね」などと声をかけます。

・発表した子を褒める。

・発表した子、発表しようと思った子を具体的にAなどと評価していく。「今から発表の自己採点をします。今日一日で発表した子はノートにAと書きなさい。発表しようと思ったけれどちょっとできなかった子もAと書きなさい」
・発表できなかったけれど、発表した子をその場ですぐに褒める。「成長したなあ」
・「完成された意見を出そうとしない」と声かけしていく。
・なぜ発表することが良いのかを事あるごとに語っていく。
・発表することで快感を得る場面に遭遇させる。（拍手をもらった。聞いてもらえた。）
・発表できる土台をつくる。ノートに考えや判断を書かせてから発表させることで安心して話せる。
・発表した子がからかわれたり、ばかにされたりすることが決してない授業の空気、クラスの風土を教師が断固としてつくる。許さない、という強い姿勢。
あげだしたらきりがありません。

「発表」は、考えを持たせる以外にも様々な要素が絡み合って成り立つ行為です。日々の教師の意識の土台の上に成り立つのです。

30 〝良い傾向〟を見抜き、褒める

私のクラスでは、一人一冊、四月に日記帳を配ります。私は、「日記帳」とは言わずに、「ログ・ノート」と呼んでいます。これからこのノートに、君たちの毎日の記録がたまっていくからだ、と話します。

中には、日常の日記や、短作文、学習のまとめなど何でも書かせます。中でも「見開きのまとめ」は、自学として時々コンテストを開催するなど継続して取り組ませます。

さて、自学をしたノートが出され始めると次第にその子なりの〝良い傾向〟が見えてきます。

デザインに優れている子。

とにかくたくさんの情報を書き込んでいける子。

字が綺麗な子。

色塗りが上手い子。

構成が上手な子。

教師はそれら良い部分の傾向を強化していくことにつとめます。

そこを褒め、その部分の達人にするのです。

「（全員の前で紹介する時に）山田君は、デザインに優れているから、みんな参考にしなさい」

「（社会科の学習「漁業」のまとめをつくらせる際に）山田君、君はデザインがいいから、今回のまとめでもうまく魚の形を生かしてまとめてみたら？」

という具合に、**「できていないところ」を指摘するその前に、「良いところ」を強化するという姿勢で接し**ます。

子どもたちは、こちらがきちんと「評価」をしてあげれば、「先生、これはどうしたらSになるんですか？」と自分から「できていないところ」を聞いてきます（私は子どものノートを「B」「A」「S」「K」などと評定しています）。子どもの方から自分のできていない部分を聞いてくるようになれば、それはその学習にのってきた証拠です。

ただ、なかなか活動に乗り切れない子も教室には存在します。

その子に対しては、「ここをまず頑張ってみよう」とピンポイントで頑張らせることを伝え、それについて評価してあげます。

そしてとにかく、**クラスの仲間の作品を見せる機会を持つ。**

教室の後ろのロッカーに展示をしたり、作成中にウロウロさせて見に行かせたり、教師が高速でコメントを付けながら紹介したり……。

早いうちに、「良いイメージ」を持たせましょう。

自学ノートの指導は、「イメージを持たせつつ、良いところを強化して褒める」、これです。

31 変化球を混ぜる

・「先生はこれから何て書いたら良いですか？」
・黒板を差しながら、「これ先生はわざとここに書いているんだよね」
・わざと間違う…。

いずれもちょっとした変化球です。本当にちょっとした投げかけ方の違いですが、子どもたちのカラダがピクッと動くのがわかります。

そのまま教師がまとめを黒板に書くのではなく、「何て書いたら良いですか？」とワンクッション置く。

黙って整理しながら黒板に書いておいて、「これわざわざここに書いているんだよね」と言って、どのような観点でまとめているのか全体を俯瞰させる。

計算や漢字で、わざと間違いを板書し、黙って子どもたちを振り返る。

少しの工夫で、一人でも多くの子を活動に集中させることです。

他にも「変化球」はあります。

教室にすぐに入らないで入り口の横でじっと見てみる。

教室に入ったらすぐに教卓に行かないで、教室の一番奥に落ちているゴミを黙って拾いに行く。

話し合い中に、おもむろに子どもの席に座る。

ただし、矛盾するようなことを言うようですが、いつでも「変化球」ではいけません。大投手の変化球は、真っ直ぐが強烈だからこそ、生きてくるのです。

まずは、真っ直ぐを磨くのです。そしてだんだんと変化球を混ぜていく。

毎回毎回同じ指示、同じ方向からの声かけではプロとは言えません。真っ直ぐを磨きながらも、「変化球」を意識する。つかっていく。

「変化球」の覚え方は、子どもたち全員が学習に参加しているかを毎日意識し続けることです。その中で、「このままではいけないな」と思った時に、今担任（担当）している子どもたちにとって必要な本当の手段を考えている自分に気づくはずです。

32 もう一歩〝詰める〟

子どもたちが新しい知識を得たり、興味を持って学習を進めている時に、「もう一歩詰める」ということを習慣化すると学びが深まります。

例えば理科の時間に、「昆虫の足はどこから出ているでしょうか？　まずは予想して書いてごらんなさい」と問う場合があります。紙に印刷した昆虫の胴体に書き込ませます。

この場合は、そのまま書き込ませて、「足が何本書かれるか」確認したり、「胸の部分から足は出ている」ことを押さえたりします。

この解答を提示する時に、もう一歩詰めます。胸の部分だけ色を変えたり、足を一組ずつ提示したりするとより焦点化されます。

さらに、カブトムシやクワガタムシの腹の側から見た写真やイラストを提示して、「頭、胸、腹を色分けしなさい」と指示します。カブトムシやクワガタムシはハチやトンボなどと違って体のつくりがはっきりと三つに分かれていないように見えるので、子どもたちは最初「頭」「胸」「腹」の判断で迷い、思考します。「足が出ているところが胸だから…」という具合です。

頭の中で、〝模式図〟で理解するだけと、実際の昆虫をいくつか示しての理解では雲泥の差なのです。

さらに突っ込んだことを豆知識として話すこともあります。

それは、「幼虫の足はどうなのか？」です。

カブトムシの幼虫、その他のイモムシなどです。「何か足があったような……」という印象を持つ子どももいます。「え？　足ってあったっけ？　ヘビみたいな感じじゃ……」

もう子どもたちは見たくて見たくてたまらなくなっています。

様々なイモムシのお腹から見た様子は衝撃です（笑）。

幼虫には、胸脚、腹脚、尾脚といった呼び名でずらっと足のようなものが並んでいるものがいます。イモムシの腹脚は通常四対（八本）ですが、ハバチでは通常五〜七対です。

カブトムシの幼虫などは、足は成虫と同じく六本です。

シャクトリムシがなぜ〝尺取り虫〟なのかも足の付き方を考えるとわかるのです。

昆虫つながりでもう一つ。

私は子どもたちが教室でカブトムシやクワガタムシを喜んで飼う姿を見て、嬉しく思います。やはりいつの時代も生き物は子どもたちの絶好の教材なのです。触って、様々な感覚を養うことができます。

ここで私は、「昆虫にはカブトクワガタ以外にも格好いいのがいるで」と、教室に「オオヒョウタンゴミムシ」という昆虫を持ち込みました。さらに詰めているのです。とどめを刺す（！）という感覚です。

この虫は珍しい虫で、クワガタムシに負けず劣らずの大あごを持っており、体長も四、五センチと大きく、格好いい（と私は思っている）のです。

何を扱うかは考えなければならないところです。かえって混乱させることがありますから。しかし、子どもたちが興味を抱いている時は様々なものに、様々な現象に〝追加して〟触れさせたいと私は考えています。

子どもたちには、新しい学習の際に、さらに自分で調べたくなるような題材や話題を振り、「もう一歩詰める」ということを意識してみましょう。

関連する話を読んであげる。

関連する画像を提示する。
関連する場所を見せる。
少しのことで良いのです。
この習慣が、「勉強」を「遊び」にさせていくきっかけとなるのです。

33 先生の器が見られていると知る

研究授業中に雪が降ってきました。関西ではこれは珍しいことです。珍しい「雪」に子どもたちは興奮。窓の外が気になって仕方がありません。そんな時、あなたならどうするでしょうか？「窓の外を見ません」とやってしまっては、身もふたもありません。

「十秒だけ見てきなさい」と言えるか。

このような場合の正解はありませんが、先生の器を子どもたちは見ています。いつでも少しの「余裕」を持って子どもたちに接したいものですね。そのためには、自分の「日常」を磨くこと。日常から、様々なものを見、本を読み、人の話を聞き、そして子どもたちと接する。自分という人間を少しでも大きくしていくという意識を持って好奇心旺盛な日常をおくっていくことです。

子どもたちは器の大きい先生により話しかけたくなるのです。

34 伝えるために、信頼を築く

口を開けば注意、叱責、指導という人は危険です。

なぜなら、子どもに、「おい、〇〇君……」と声をかけた段階でその子は、「あ、また注意される」「あ、また怒られる」と思ってしまうからです。思わせてしまう、という表現の方がいいかもしれません。

これは教師として致命的です。

日頃、冗談、遊び、褒める話、そして夢のことなどを話しているからこそ、バシン！とした注意もその子に入るのです。

これは、対子どもだけの話ではありません。

しかめっ面をして「マイナス発言」ばかりしているような先輩や管理職だと、部下は離れていきます。

その人の下で働きたいか否かは、「授業の話」や「子どもの話」ができるかで決まるのです。

子どもの悪口ばかり言っている人とは距離を取りたくなるものです。

授業の話を全くしない先輩や管理職にはついていこうとは思えないものです。

これが本音です。

そういう人が声をかけてきたら条件反射的に避けようとしてしまうのが人間です。

これが、危険な状態です。

正しいことを言おうとしていても、相手が拒絶反応を示してしまったら伝わらないのです。

よく、「何を話すか」ではなく「誰が話すか」だと言われる所以です。

相手に何かを伝える時に、浸透しやすいかどうかを左右するのは、その人が信頼されているかどうかです。

信頼されるためにはまず、口を開けば「指摘」になっていないか、口を開けば「叱責」になっていないか、ということを自戒するところから始めたいものです。

35 普段から考える

授業のアイデアでも、子どもたちへの話でも、普段から考えているからいざという時にパッとアイデアが出てくるのです。

課題が与えられてから考えるから子どもに提示するまでに時間がかかる。

課題が与えられる前から考えているから咄嗟に子どもに出せる。

いつもニコニコしている先生は、教室までの階段を上がる途中でも子どものことを考えています。

いつもニヤニヤ（笑）している先生は、廊下を歩きながらいつも授業の新しい作戦を考えています。

ちなみに私は車の中が妄想ボックス。

散歩中が妄想ウオーク。

次の楽しい「作文ネタ」はないかなあとか、明日何を話そうかなあとか、班活動をもっと切実感のあるものにするには…などと考えています。

もちろん、こうした原稿のネタやセミナーの内容なども考えますが、要は「考え癖」を付けていると言えます。

常に考えていることで、「考え癖」を付けるのです。そうしていると、フラグが立つので、自分が必要としている情報を勝手に脳が収集するするようになります。そして、咄嗟の場合も色々と考えが出てくるようになるのです。

常に妄想している人が、人生の瞬発力を身につけていくのです。

36
「教師の勘」を身につける

違和感があったんだけど、何となくスルーした。

気にはなってはいたんだけれど、その時は触れなかった。

この、「違和感があったんだけど…」、「気にはなっていたんだけれど…」。これが、教師の「勘」です。

この「教師の勘」、結構あたっていることが多いものです。

私は何となくスルーしたことで、後で困ったことになった経験を山ほどしています。

いつも後になって（何か問題が起こってから）、ああ、あの時に自分の勘にしたがって確認していれば…ということだらけです。

例えばこんなことがありました。

チャイムが鳴り授業が始まりました。すると、一人の子が突然教室の後ろのロッカーに向かって歩き出しました。

私は「今は行かせない方がいいかもな、席に戻りなさいと言おうかな」と頭をよぎったのですが、その時はそのまま見送りました。

その子は歩いていき、手に持っていたバッグをロッカーに入れ、席に戻ってきました。

さてその間、私は一人のおしゃべりをした子を注意しました。

授業はそのまま進み、子どもたちは下校しました。

一見何でもないような光景です。

しかし事態は思わぬ方向に進んでいたのです。

放課後おしゃべりで注意された子（仮にAさんとします）の保護者の方から私に電話がありました。話によると、そのAさんが泣いて帰ってきたとのこと。私は「？」の気持ちです。電話口で直接Aさん本人に話を聞くと、先ほどの教室での出来事の間に、様々なことが起こっていたことが判明しました。

実は、突然ロッカーに荷物を置きに行った子、あの子が関係しているのです。

ロッカーに行こうとする際、Aさんの横を通った時に、実はその子がもう片方の手で持っていた「ものさし」が、Aさんの頭にあたったのだとか。そこでAさんはその子に「やめてや」という態度をしました。するとそのロッカーに行こうとした子が「ごめん」の意味でAさんの頭を触る。そのやり取りを見たAさんの隣のBさんが笑う。

その瞬間を私はAさんがしゃべったと見て取って、注意をしたのです。

しかし、実は注意をしたまさにその直前、色々と細かなことが起こっていたのです。

私は全くわからなかったのです。

もう片方の手に「ものさし」を持っていたことすら気づいていませんでした。

悪いことは続きます。

私の注意を聞いていた近くの別のCさんが、帰り道Aさんをそのことでからかった。それでAさんは泣きながら帰ってきた、という顛末です。

伝わりましたでしょうか？

さて、この話の発端はどこでしょう？

一概に何が、と言い切ることはできないかもしれませんが、一つ言えるのは「最初にロッカーに行くのを止めていれば事は起こらなかったかもしれない」ということです。

私はゾッとしました。

最初に入った小さなスイッチが、後々の事態を生む。すべてが関係してくる。

そのようなことが教室には頻繁にあるのです。

教室では三十人もの子が生活しています。

その時、三十人は複雑に絡み合っているのです。

私たちは、**「違和感」を感じ、事態を未然に防ぐというファインプレーを常に意識しながら教師をする**必要があるのです。

どんなことが後々つながってくるかわからないのです。

「教師の勘」は大切にしましょう。

「教師の勘」、それは子どもたちと共に生活してきたその教室の教師だけが身につけた頼りになる感覚なのです。

37

具体的に悩む

授業が上手くなりたい、と毎日のように思います。

授業や子どもたちのことを考えて悩みます。そして、解決法を人から聞いたり、本を読んで探ろうと思います。調べて、試しての試行錯誤が続きます。

なかなか上手くいかない日々が続きます。

でも、そうしているとあることに気づきます。

だんだんと悩みが具体的になってくるのです。

最初は何ができないのか、何が上手くいかないのかそれすらわからないのです。しかし、**少し勉強していくと、何がわからないのかが、わかってくる。**

子どもたちのつぶやきを拾うってどういうこと？

子どもたちのつぶやきを広げるにはどうするのか？

子どもたちの発言を何でも拾っていると、途方もない時間がかかる。どうしたらいいのか？

子どもたちの発言をうまく板書で整理するにはどうしたらいいのか？

子どもたちに、他の子とつなげて話をさせるにはどのような場の設定が必要なのか。

この単元ではどのような子どものつぶやきがあるのだろうか。

この単元の目標を達成するために、どのようなことを子どもたちに追求させれば良いのか。

きりがありませんが、だんだんと「悩み」が具体的になっていきます。

悩みの形態が、「モヤモヤ」→「リアル」になっていくのです。

悩みが具体的になってきた、ということはそのことについて確実に前進しているのです。

具体的に悩める教師になりたいものです。

Chapter4
子どもを
見つめる！
習慣14

38 意識して「みる」

教師の「みる」行為は、様々に分類されます。

「見る」「観察する」「覗く」「気にかける」「見つめる」「見るともせずに見る」「見守る」…きりがありません。

これらの「みる」を使い分けながら駆使していく。教師の毎日は様々な「みる」を使い分ける毎日、と言っても過言ではありません。

ノートを「見る」。自分の板書を「見る」（撮影する）。

子どもたちの様子をじっくりと「観察する」。教師も子どもと一緒になってヘチマの「観察をする」。

教室に入る前にわざと「覗く」（子どもたちのこちらを発見してひそひそ笑い会う光景が目に浮かぶでしょう?:）。

あの子のことを「気にかける」。いつも視線を送ります。

じっくりとその子を「見つめる」。教室の中のAちゃんを定点観測するイメージです。成長を「見守る」。クラスの子どもたちのほんの少しの成長を見て取ることができるのは、担任や担当の先生だけです。

さりげなく「見るともせずに見る」。その子のことをじっくり見るべき場面と、さりげなく見守る場面があります。高学年になると、直接的に指導するよりもさりげなく触れる、という感覚での指導が効く場合があります。見ていないようでしっかりと見ている、という具合です。何度言っても姿勢が真っ直ぐにならないあの子。しっかり見ると、下手をすれば「見張る」ことになりかねません。そこで、見るともせずに見る。そして、姿勢が良い時を見計らって、「成長したやん」とボソッとやる（つぶやく）わけですね。

もう一つ、「みる」の中でも危ないのが、「眺める」です。ぼ～っと幸せに眺めていることも素敵ですが（笑）、教育現場での「眺める」は油断なりません。

「意識」して「みる」。それが大切なのです。

39

「敏感先生」になる

教師は鈍感ではつとまりません。では「敏感先生」とはどのような先生なのか。

それは例えば、やんちゃ君のドッジボールでの態度の変化を見て取れる先生のことです。「あれ？　ちょっとやさしく投げた？」「お、女の子にゆるめに投げたぞ」ということが感じ取れるかどうかということです。

もちろん、他にも様々な敏感モードをはかれるケースはありますが、要は**「些細な変化を見逃さない意識」が働いているか**ということです。「あれ、今話しかけようとしたな」とか、「この雰囲気は自分（教師）が来るまでにもめていたな」とか、「あれ？　家で何かあったのかな」ということを感じながら教師をしているか、ということです。

「敏感先生」になるためには、一人ひとりの子を具体的に見ていることが大切です。例えば、Aちゃんは、この頃発表回数が増えてきた。Bちゃんは、最近外に出て遊んでいない。などと個人をきちんと、見ているかということです。

また、日頃から子どもたちといかにおしゃべりしているかも大切です。おしゃべりをあなどってはいけません。子どもたちがより自然に近い形で自分を出している場がおしゃべりの場です。子どもたちのすぐ近くに身を置くことで感じることはたくさんあります。

そして最大のことは、教師という仕事を愛し、常に少しでも子どものことを理解できる教師になろうとしているかの意識です。その意識が、「敏感先生」へと自分を変貌させる要なのです。

やはり、「意識して授業をつくる」「学級をどうつくっていくか苦心する」「悩み、考え、実行する」…その愚直な日々の営みが大切ということですね。

40 木を見て→森を見て→木を見る

学級づくりをしていく時に数人の、特に手のかかる子に応対しているだけでだんだんと精神的に疲れてくるということがあります。これが、「木を見て」のところで止まっている先生です。

それでは疲れますよね。教師の仕事って本当に色々なことがいっぺんに起こるようになっている（笑）ので、「木を見て森を見ず」になってしまいがちなのです。

そんな時、フッと肩の力を抜いて、「森」を見ましょう。個人的な手のかかる子という「木」だけを見ないで、落ち着いて「森」を見るのです。

「森」であるクラス全体を眺めると、クラスとしての動きが目に入ってきます。そこで一旦教師自身が落ち着くのです。

全体を俯瞰した上で、改めて「木」を見ます。

そうすれば先生の方をじっと見てくれている〝あの子〟に気づくはずです。遅いけれども一生懸命に作業している〝この子〟に気づくはずです。

私たち教師はグイグイ教室をリードしてくれる子と、一番手のかかる子にばかり目が行きがちです。いわゆる両方の意味で「目立つ子」ですね。

しかし、教師としての仕事はその先から始まるのです。

「目立つ子」は、教師でなくても教育実習生でも見えるのです。

突然教室に来たお客さんでも見て取ることはできるのです。

担任や担当の先生しか見えない子どもの動き、成長、些細な変化を見て取ることができるのが「プロの教師」です。

スポットライトは暗闇の中を一筋の光で強烈に照らし出しますが、周りの様子は見えません。

スポットライトと全体を照らすライトを上手く切りかえながら指導のバランス、自分自身の気持ちのバランスを保っていくのです。

「プロ教師」としての自覚を持ち、この仕事の面白さを実感しましょう。

41

「セミの声」を〝きける〟子を育てる

「あれ？　もうチョウが飛んでる！」

「あ！　セミが鳴いてる！　夏だねえ」

「（キンモクセイの）いい匂いやなあ」

「あ！　氷が張ってる！」

こういうことが言える子に育てたいものです。

季節の変化、一日の移り変わり、小さな生き物の様子。

そうしたことに敏感な子。

感性が豊かな子です。

大切なこと、子どもたちに伝えたいことは教科書の外にこそたくさん存在します。

教科書では教えられないことの方が多いのです。

まずは、そういうことを否定しない環境であることが大切です。

私たち大人の立ち位置が肝心ですね。

昆虫を持ってきた子を無意識に、「うわぁ、気持ち悪い！」とはねのけていませんか？

花を何本も摘んでいる子に、「どんな花の色があった？」と聞いてあげているでしょうか？

子どもは発見の天才です。好奇心の塊です。

その**発見の芽を伸ばすのも、摘み取るのも大人次第**です。

昆虫を自慢げに持ってきたら、たとえ名前がわからなくても感心してあげましょう。

花を摘んでいたら、色や形に一緒に驚きましょう。

草の匂いや、鳥の鳴き声のことを話したなら、大いに褒めてあげましょう。「すごいねえ。あなたは自然と話せるんだね」と。

子どもにしか見えない世界というものがあります。

そのような時期に、そのような世界を大事に認められて育った子は感性が豊かで、人のことを気遣える子になります。

はねのけられて育った子は、人のことを考える繊細な心を持ち合わせることができません。

子どもの感性は驚くほど繊細です。

残念ながら大人はかないません。

しかし、子どもの心をちょっとでも持って、子どもと接したいものです。

子どもと一緒にはしゃげる大人で、教師でありたいです。

余談ですが、最近は、公共の場で子どもと一緒にはしゃいでいる残念なお父さんやお母さんを見ることが多くなったような気がします。

子どもとはしゃぐというのは、そういうことではないのです。

一緒に驚く。

一緒に探す。

話を聞いてあげる。

質問してあげる。

そのようなことなのです。

42 子どもの「長所」を見つける癖をつける

ついつい子どものマイナスの部分ばかりが目についてしまうことはありませんか？

叱ってばかりになってしまう。これはよくあることです。

そこで、子どもの「長所」を見つけることを習慣に…いや癖にしてしまえば、叱っても叱っても子どもとの関係は良好なままです。

Aさんは、いつも元気に発表する。

Bさんは、足が速い。

Cさんは、ノートの字が丁寧。

Dさんは、イラストが上手い。

Eさんは、歌っている時の笑顔がいい。

Fさんは、靴を毎日きちんとそろえている。

Gさんは、黙って隣の子に物を貸してあげる。

「長所」はたくさんあります。探そうとしていないと見えない場合もあります。ついつい叱ってしまう子ほど、良いところをきちんと見つけて褒めてあげたいものですね。

子どもの短所を探すことは素人でもできます。

その子のちょっとした長所を探し出すことができるのは日々付き合っている担任の先生だけができる芸当なのです。

子どもは自分の欠点を上回る〝良さ〟を見出してくれる先生についていくのです。

43 子どもを〝みている〟時間を意識する

もし、あなたの横にストップウォッチを持った計測員がいて、あなたが子どもと直接向き合っている時間をすべて計ってもらったとしましょう。「授業中の応答」「休み時間のおしゃべり」「体育の時の指導」…様々な場面に及ぶと思いますが、実は一人ひとりの子と直接向き合っている時間は少ないのかもしれません。

体育では運動量の確保が重要だと言います。実際に跳び箱を跳んでいる時間を計ったら意外にも十五分くらいで驚いた、という話も聞きます。

ではそもそも子どもたちと向き合っている時間はどうなのか。

私たち教師にとっては大勢の子どもたちかもしれませんが、子どもにとっては一人の担任の先生です。

この一瞬をじっくりと向き合えた。そう実感できる子どもとのひとときでありたいですね。

44 目を合わせて笑い合う

つながっているようでつながっていない子は、実は多いものです。

まずは、一対三十で教師と子どもがつながっていることが大切です。

次に、教師と子どもの一対一。

やはり、学年の終了までに教師がクラスのすべての子どもと一対一でつながれるようになりたいものです。

一対一でつながるためにすることとは何でしょうか。

それは、**目を合わせて笑うということ**です。

次の文はある年のある日の私の日々の記録です。二学期の終わりくらいのものです。

> ここにきてだいぶ慣れてきた子どもたちがいる。
> B、Cらだ。

今日はBと何度か目を合わせて笑い合うことができた。
目を合わせて笑い合う。
これである。これがその子との距離を縮める魔法の方法かもしれない。
昨日（月）は、Aとそうだった。
Aと私のお互いが○○が好きだということで、少し突っ込んだ話ができた。
毎日一人ずつでいいから、特定の子と距離を縮めたい。

教師は〝対人間相手ど真ん中〟の職業です。
しかも相手は成長途上の子ども。
毎日毎日模索していくことでしかつながれません。
一人の子とつながるにはその子との意識がつながっている必要があります。
話すだけでは「業務連絡」です。
ましてや指示のようなことだけだとなかなかつながれません。
そのために「笑い合う」ことは効きます。
「笑う」ことは、損得のない行為です。

「笑っている」瞬間は、お互いに心を許しているのです。
「笑う」行為はお互いに無防備なのです。
やはり「笑う」ことは魔法なのです。
心から笑っている時は、その人が心を開いている時です。

今日、その子と笑い合えたら最高。
今日、あの子と笑い合えたら上々。

そんな時の帰り道は、妙に清々しいものです。

45 苦手意識の先に踏み込む

あの子を見ている、と思っていても意外にその子のことを見ていないものです。思っていないものです。悲しいかな、これが現実です。

文字通り「見ている」だけでは「眺めている」のと同じで、本当にその子のことを思っていることにはなりません。

「その子のことを見る」とは、行為にまで落とし込んでこそ言える言葉だったのです。

私自身痛い目を見てきました。

ああ、自分はこの子のことを実は見ていなかったんだな、ということばかりです。

特に、この子とはうまくいかないなあ、と感じる子に注意です。

教師も人間なので、この子とは合わないなあ、と思ってしまうこともあります。

そしてつい注意ばかりになってしまう。でも、そこでもう一歩突っ込めるかが肝心です。

その子に対する「苦手意識」だけで終わってしまってはいけないですよね。

うまくいかない子に対して「行動」を起こしていかなければなりません。

「行為」にまで落とし込みます。

まずは、「おしゃべりをすること」です。

私が後からハッと気づくことが多いのが、「この子とあまり突っ込んで話していなかったなあ」ということです。

無意識のうちに、その子から話しかけられることだけの応対に終始してしまっているのです。

例えばその子が友だちの文句ばかりを言いに来る。こんな時は要注意です。こちらはその対応だけでお腹いっぱいになってしまうのです。

しかし、実はその子とは前向きな会話をしていない。

〝何気ない会話〟ができていないのです。

実はそこを補完していくことで、その子の他の部分も変わっていきます。

意図的にその子に歩み寄り、何気ないおしゃべりをしてみるのです。

次に、その子のことを思いっきり褒める。

意図的にその子の良いところを探し、思いっきり褒めるのです。というのは、マイナスのやり取りばかりになる場合、その子の良さが見えていないことがあります。やり取りはしているけれども、その子のことを実は全然褒めていなかった、そういう状態になっています。

簡単に言えば、その子の良いところを見ていないのです。

良いところをしっかりと見るようにし、褒めてあげましょう。

すると、その子の表情が変わってきます。

何気ない話を振ってきたりもします。

そこで初めてその子のことを知ることになるのです。見ていることになるのです。

難しいです。

人間対人間ですから。

しかし、**教師をしている以上、トコトンその子の良さや、その子の良さが生かされる場所を探し続けましょう。**

毎日、その繰り返しです。

46 0を1にする教室

愛情たっぷりに育てられた子は、他人を攻撃したり、他人に嫉妬したり、自分とは違う者をいじめたりしないものです。このことは、一度に三十人や四十人もの子どもたちを相手に毎日毎日仕事しているとわかってくることです。

間違った子をニヤニヤ見る。

廊下や教室の中を必要以上に大暴れする。

馬乗りやプロレスごっこが高学年になっても抜けない。

「言い間違い」を異常なまでに面白がる。

状況を判断できず、いつまでもふざけ続ける。

周りのことに一切気を配れない。

このような光景を目にする時、残念な気持ちになります。

もちろん、「ふざけている」だけが原因ではない場合もあります。

しかし、できるはずなのに、できていない場合も多々あります。

私たちが想像できないような、〝極端な環境〟で育っている子どもがいます。やはり子どもに一番影響を与えるのは「家庭」です。

子どもたちは家に帰ったら様々な環境で生きています。

「家庭環境」に問題があると、子どもたちは学校でサインを出します。それが問題行動となって表れてきます。

そのような行動に対して、あきらめずに一つひとつ声をかけましょう。話をしましょう。

学校では、安全で安心できる、自分を表現できる生活を送らせてあげましょう。

そのように考えながら接したいものです。そのために基本的なことから注意して、意識しておきましょう。

言葉遣い。

廊下の歩き方。

席を立つ時はイスを入れる。

返事をする。

奇声を発しない。

高学年になったら力が強くなってくるので、体をぶつけたり、馬乗りになったりする遊びはしない。

返事は、「はぁ〜い」ではなく、「はい」。

高学年であっても、いちいちこのようなことを言い続けていくしかありません。

なぜ高学年にもなって、と思うこともあります。

しかし、毎日毎日教室に入る前に深呼吸して、「さあ、今日も」と胸を張って子どもたちと対峙し、勝負していくのです。

毎日、毎日一ミリほどの前進でも、それを良しとして明るく立ち向かいましょう。

全国ではこのような立場の仲間が何人も何人も頑張っているのですから。

さあ、明日もまた0を1にするために教室に行きましょう。

教師があきらめたらその教室に通ってくる子どもたちはそこですべて終わりなのですから。

47 〝追い打ち〟はしない

子どもたちの意欲を萎えさせ、やる気をそぐことのひとつに、「追い打ち」があります。子どもたちに、「早く椅子を運びなさい」と注意したとします。そこで教師が大事なのは、「待てるか」ということです。待ちながら様子を見ます。

残念なのは、動き出していることを確認せずに、「追い打ちをかけてしまう」ことです。子どもの動きとして、一見動き出していないように見える時が教師の腕が試されている時なのです。先の例で言うと、「椅子を持つ時に椅子が汚れていた。先に拭こう。では雑巾は……」と子どもが別の視点で考えているかもしれないのです。その時、一見行動は止まったように見えますが、そこは子どもが思考している場面です。

その時を待てるか、が大事です。重要です。

教師は落ち着いて子どもたちを観察することも大切です。

そのためには、感情的にならないこと。常に自分の感情を自分がコントロールしていることが大切です。

それには**日頃から「様子を見てみよう」「もしかしたら」というフラグを立てておくこ**とです。要するに意識しておくことですね。

もし不用意に追い打ちをかけて、もう一度注意すると子どもがふて腐れることがありますし、その後の動きがかえって悪くなります。

何事も、「納得して動いているか」が大切です。

48 さわる

書店『ＣＯＷＢＯＯＫＳ』の代表をされている松浦弥太郎さんは、自著の中で「一日に一度、ならんでいる本を必ずさわる」と書かれています。２５００冊の本をさわるのは結構大変なことだけど、端っこ、隅っこにある本でも一日一回さわってあげる、のだそうです。

私たち教師が担任している子どもたちは四十人以下の場合がほとんどです。

松浦さんが本をさわるように、私たちは一人ひとりの子どもたちと目を合わせたい。

声をかけたい。

肩にそっと手を置いて励ましてやりたい。

２５００冊に比べたら、できそうな気がしてきませんか？

49 子どもが笑顔で帰る

学校での教育活動の大前提は、「学校に来た子どもたちが笑顔で帰ること」です。

帰りの時間、私は子どもたちを見回しながら考えます。「今からどの子も笑顔で帰るだろうか」と。

学校が、「笑顔で登校して、笑顔で下校できる場所」であること。

そのために教室が安心して過ごせる場所であること。

そのために教師が子どもにとって安心して話せる存在であること。

逆算ですね。

子どもたちが学校で過ごす時間は長いです。友だちや教師と接する時間は本当に長い。

その学校が居心地が悪かったら本当につらいですよね。

朝、まず教室の空気を教師がつくります。さわやかで、あたたかい空気です。

理想は、朝から笑い声が廊下にもれている教室です。

50 バックヤードでこそプロ意識を持つ

バックヤードで子どもの悪口を言う人がいます。

大変なことを学年の先生同士で話すことはよくありますが、それとは違います。

「うちの子は駄目だから」とか、「あいつら…」という先生もいました。

そこに愛がない時、それは「悪口」になります。

しかし、「発表しない子たちだから…」と言って終わりでは自分のいる意味がない。発表できるように努力しなければなりません。「言うこと聞かないから」と言って何もしないのは、「私は仕事ができません」と公言しているのと同じです。

大変な学年がまわってきた、と思うことがあるかもしれません。しかし、自分にできることを精一杯やっていく。

愚痴は出ても悪口はいけません。

バックヤードでの悪口は、不思議と子どもたちに伝わるのです。

「あいつら駄目だから…」と大声で言っていた先生のクラスが良くなることはありませんでした。

子どもたちがいないところでの先生の振る舞いが、その先生の〝潜在意識〟です。

子どもたちのいないところでの振る舞いが〝プロ意識〟です。

学んでいる先生からは学びのオーラが出て子どもに伝わります。

愛されているか否かは、子どもにはビンビン伝わっているのです。

バックヤードでもきちんと〝担任〟でいたいものです。

バックヤードでもきちんと〝教師〟でいたいものです。

加えて言うと、「教師だって人間なんです」ということを声を大にして言う人は、教師に向いていません。そんなこと当たり前で、いちいち声を上げるようなことではないからです。

教師だって…と言う前に、格好いい教師の生き方をしましょう。

格好いい先生は、その〝人間〟の部分が、さらに教師としての魅力に磨きをかけているものなのです。

気づき続ける

51

「子どもを褒めることが大切だ」と言われます。

私も新任の頃から言われてきましたし、今、自分自身が若い先生方に「子どもをどんどん褒めましょう」と話しています。

しかし、ふと思いました。

「褒める」ためには「気づく」ことが必要です。

その子の良さに気づく。

その子の些細な変化に気づく。

褒めよう、褒めようと思っていても、**気づけなければ褒められない**のです。

「褒めましょう」の前に、「気づきましょう」だったのです。

自分の担任（担当）しているクラスの子のことを、一番たくさん褒めることができるのは担任の先生だけなのです。

一番たくさん、と書いたのは、細部に至る部分まで褒められるからです。くだけた言い方をすれば、かなりマニアックな部分まで褒めるチャンスがある、ということです。え？そうだったの？ということを取り上げて褒められるのは担任の先生しかいません。

お、今日は姿勢が良いね。
お、今日は鉛筆が５本ともそろっているじゃない。
お、今日はノート持ってきたね。
お、今日は連絡帳一つも抜かさずに書いているなあ。
お、今日は二回以上発表したじゃないか。
お、髪型変えた？
お、音読の声が昨日よりも明るくなった。
お、昨日より少し字が丁寧になったかな。
お、歌う時の笑顔が良くなったね。
お、今日は授業中に鉛筆削ってないやんか。
お、今日は座ってるね。

最後のものは、「何これ」と思われるかも知れませんが、なかなかチャイムで座れなかった子が座れたことも、そのクラスの担任の先生にとっては褒めることなのです。

つまりは、適当に誰かを教室に連れてきて「褒めて」と頼んだ時に出てくるような一般的な褒め言葉ではなく、**その教室に毎日暮らしている人間だからこそ出てくる気づきこそが、担任の先生の言うべき褒め言葉**なのです。

気づけるためには、次のことを意識します。

昨日からの成長は何かないか。

朝からの成長は何かないか。

と思考をギラギラさせること。

そして、Aちゃんに注意したこと、Bちゃんにアドバイスしたこと、Cちゃんに頼んだことをしっかりと覚えておいて、投げっぱなしにせずに、「Aちゃんが注意されてその後どうしたか、どうなったか」までを観測し、その子に変容を伝えてあげることです。「アフターケア」までで完結です。

形だけの「褒め言葉」なら、その先生が教室に存在する意味はありません。

最後に、もう一つ。

「気づく」の次は、「気づき続ける」です。

「気づき」を毎日毎日積み重ね続けましょう。そのことでまた〝気づける〟ようになるのです。

「気づき」が無限大に増えていく場所。それが教室なのです。

Chapter5

子どもを巻き込む！習慣9

52 日常的な〝礼儀〟を指導する

はじめに、子どもが教師に対して遣う言葉です。きちんと意識して対応していかなければなりません。

・黙って提出する　↓「お願いします、と言います」
・黙って受け取る　↓「ありがとうございました、と言います」
・教師の注意に対して「はいはい」　↓「はい、で良いのです」
・もたれて教師の話を聞く　↓「人の話はもたれて聞きません」
・教師に友だちのような口の利き方をする
↓「先生は友だちではないよ。言い直しなさい」

次に、教室での過ごし方に関することです。

・ゴミ箱に投げてゴミを捨てる　↓「もう一度入れ直しなさい」
・落ちている物の上を跨ぐ

↓「（拾う子が表れるまで待って）そっと拾ってあげるって素敵だよね（と全員に話す）」
・体操服をたたんでいない　↓「きちんとたたんで置きなさい」
・靴箱に靴が綺麗に入っていない　↓「（名前を控えておいて笑顔で）入れ直しておいで」
急に大声を出す子や、奇声を発する子にもとにかく根気強く声かけをしていかなければなりません。

教室の床でプロレスをする子、後ろから友だちのことを急に押す子、教室内で追いかけっこをする子……きりがありませんが、これらは家庭で指導されていないことに加え、もし学校できちんと指導していかなかったら高学年でも普通に現象として表れるのです。

高学年でこれらのことを目にする時のつらさといったら……。

そしてまた、高学年ではなかなか直りません。

必ず一年生のころから、家庭と連携して〝根絶やし〟にしておかなければならないことなのです。

こうしたことは、きっとお家ではスルーされているのです。

何気なく「ありがとうございます」と言える子は、お家でそういうことが当たり前になっているのです。そうではない子には、せめて学校にいる間にはそのようなことを意識させていく必要があります。

最低限の人としてのマナー、礼儀、作法を教えていくのです。

礼儀を知らない子たちは注意されてもキョトンとした素振りを見せます。

「公共の場」という意識、「自分は良くても他に迷惑だと思う人がいる」……などなど「日常生活の礼儀」を徹底して教えていく必要があります。

結局その子が将来恥をかくのですから。

53 “ここを見る”ことをあきらめない

教室の中で見ることを「習慣」にしたい場所があります。

まずは、「ゴミ箱」。ゴミ箱の周辺が散らかっていないか気を配ります。

「ゴミ箱」に投げて入れている子がいないか注意します。落ち着いたクラスにするには、このようなことにも気を配らなければなりません。投げて入れた子には注意し、もう一度捨て直させます。

ゴミ箱が満杯なのにそのままどんどん上から入れていき溢れている現象も残念な光景です。子どもたちは最初からできません。「溢れそうなら気づいた人がゴミ袋を出し、次の袋を入れておく。それが心配りなんだよ」ということを指導しなければなりません。加えて子どもがいつでもゴミ袋を取りやすいようにしておくことも大事なことです。

次に「ロッカー」。ロッカーの上に物が散乱していないか見ます。そしてロッカーの前。物が落ちていてもそのまま、ということがよくあります。これは廊下の雑巾かけも同じです。雑巾が床に落ちて散乱している。

物を落とすことが問題なのではありません。落ちるのは当たり前です。それを**そのままにしておいても平気なのが問題**なのです。

私のクラスでも、落ちているのにその上を跨いで通っている子を見かけます。そのことを一年間かけてひたすら言い伝えていきます。拾ってくれたら褒め、そっとそういうことをしてくれている子を褒めます。

肝心なのは、「してくれているところ」をいかに発見するか、です。

次に「机の上」。

机の上に落書きや、掘った後などがないか見るのです。そういう小さなところから「荒れ」は忍び寄ります。安定していない子は、小さな脱線行動に走ることがよくあります。

また、机の上が常に散らかっている子がいます。

国語の時間に計算ドリルが出ている。算数の時間に先ほどの国語の授業で使った国語辞典が出ている。ひどい時は、算数の時間に、朝配ったプリント、国語のノート、ホッチキス、社会科の資料集などがごちゃ混ぜで出ています。

それから、「机の中」。わかりやすいのは、机から中身がはみ出していて、それを手で押しても入らないくらい机の中がパンパンになっている子です。

そのような子は必ず何か抱えています。学習がしんどいか、生活が乱れているか。

学力の低い子だけが机の上や中が荒れているのではありません。

また、「提出された物の状態」もクラスの様子を計るバロメーターです。

集められた国語のノートがバラバラになっている。

集められたノートが床に数冊散乱している。

向きもバラバラ。

この場合、係りの仕事としてきちんと集めてくれるシステムを機能させることがまず第一です。機能するまでいかせるには、「設定」し、「確認」し、「評価」しなければなりません。係りを決めただけではなかなか機能しません。

次に、「気づいた人がちょっと直してくれたら嬉しいなあ」という話をします。

朝、教室に入ってきて提出されたノートがぐちゃぐちゃになっていたら、それだけで大きな精神的ダメージですから。

さて、テストでは抜群に良い成績を取るのに、生活態度はめちゃくちゃ、という子もたくさん存在します。

しかしそれではいけません。

そういう子は「集団行動」に馴染まず、何度も何度もトラブルを起こします。そういう子には、まずこうした小さなことから始めていきます。小さいことでも、「合わせること」や「マナー」、「礼儀」などを教えていくのです。

そのような子は、言っても言ってもなかなか直りません。

しかし、言い続けるのです。それは、その子の生活の意識を変えるためと、学力の保証のためです。

クラスで担任があきらめてしまったらそこで終わりです。

いかに早めに感知できるかです。

いかにあきらめずに続けられるかです。

54 「言葉」を大切にする教室〈授業編〉

「言葉」を大切にする先生のクラスには、「言葉」を大切にする子どもたちが育ちます。どの教科でも同じく「言葉」を意識したいものです。

特に子どもたちがつぶやく「そうか！」や「なるほど！」、「へぇ～」「あ～！」といった**〝感心系のつぶやき〟**は大切にしたいつぶやきです。そういう言葉が自然と出てくる教室は、一人の子の発言を注意深く聞いているということだからです。

私はそれを「お、いいつぶやき出たなあ」といって、**瞬間的に〝つぶやき返し〟**しています。

また、「え？　ちょっと違う…」、「でも…」といった**〝疑問系のつぶやき〟**です。これも授業を広げていく上で大切なつぶやきです。そのままその子に話を聞いても良いですし、教師が疑問としてクラスに投げかけても良いですね。

これらは、授業展開上大切だ、ということもありますが、それ以上に、子どもたちがそうした仲間のつぶやきを大切にするようになる、ということが大きいのです。

子どもたち同士、仲間の「言葉」に意識を向けさせたいなら、まずは教師自身が子どもの「言葉」に強い意識を持ち、取り上げていくことです。

仲間のつぶやきなど、〝ちょっとした言葉〟を大切にできる集団は、良い〝聞き手〟の集団なのです。

55 〝つるむ〟のが駄目なことの伝え方

高学年女子に多いのが何人かの友だちとベッタリとつるんでしまうこと。

女子に限らず、特定の子とあまりにもベッタリだと教師として何か言いたくなりますね。

そんな時、あなたは何て言いますか？

まさか「離れなさい！」とも言えませんね（まあ、冗談で言うことはありますが…）。

一緒にいるのは別に構わないし、特に仲の良い友だちというのも素敵です。しかしこの場合問題なのは、「はい、活動しましょう」となった時に、〝すぐにつるむ〟という行為です。クラス全員遊びの際にも端の方でつるんで何かヒソヒソやっているような行為です。社会見学や遠足に行っても班や活動は二の次で、まずその子とつるむ。

こういう子に対しては私は次のように話します。

「つるむと何がマイナスかわかる？　それは、**つるんでいる時は考えない**からマイナスなんだよ」

つるんでいる時は考えないのです。

一人旅を例に取りましょう。複数で行くよりも単独で行く時の方がはるかに考えているのではないでしょうか。

仲間といつも一緒だと、知らず知らずのうちに、考えが隣の子に寄りかかっているのです。それはお互いにそうです。そしてだんだんと行動も遅くなる。

一人で動ける子は判断も早いことが多いです。

「一緒にいるのはいいけれども自分一人で考える場面がないと駄目だ。**いつもつるんでいると自分の頭で考えるという、人生で一番大切なことが学べない**で大人になるんだよ」

もちろんクラス全員の前でも話します。

もう一つ、「つるむ」ことで生じる大きなマイナス要素があります。

それは、**「悪口が出る」**ということです。

つるんだ時の立ち位置はお互いに内向きになります。

そして出るのが噂。噂は悪口に発展します。

悪口を言っているグループからは、どんよりした空気が流れ出します。そして敬遠される。次のトラブルが起こる。それは、別の子が、「私の悪口を言われている」と教師に言いに来ることから始まります。

このような経験、読者の先生にもおありだと思います。

だから、「つるむ」ことに関しては、必ず伝えておかなければなりません。

「つるむことをなくす」のではなく、「つるむとマイナスの要素がある」ということを伝えていくのです。

我々教師でも同じです。いえ、教師というよりも社会人としていつもいつも「つるんでいる」人は、考える機会を失ってしまっています。

つるんで愚痴や人の噂を言っていることほど、人生の無駄はないのです。

一人で動ける。

これは考える子どもにするために教師自身でも意識しているべきことだと思います。

56

子どもの意見を収束する

授業で子どもたちの意見を収束することって、本当に難しい。

子どもたちから、たくさんの意見が出てくる社会科の授業ではひときわそれを感じます。

「ニュースで見ました」

「本で読みました」

「おばあちゃんに聞きました」

という楽しく、多様な意見が子どもたちから出される。

それらは盛り上がるし、できれば全部取り上げたい。

しかし、それをしていると、予定していた授業内容の半分も進まなかった、というようなことが起こってしまいます。私も常に頭を悩ませていることです。

対処法は様々あると思います。

一つは「〝意見の取り上げ方〟を変えて、発表にかかる時間を短くする」方法。

子どもの発言にいちいち教師が返答していると、時間は「子ども＋教師」の二倍かかります。そこで子どもたちだけでどんどん自主的に発表させます。そのためには訓練がいります。「ゆずる」ことや、「口火を切る」ということを練習させていかなければなりません。教師はなかなか待てない生き物です（笑）。しかしそこをグッと我慢して、一学期のうちに、「全員意見を出す」という流れを体得させます。「全員が終わったら先生に、終わりましたと声かけしてね」と話し、子どもたちに自分で立ってどんどん発言する練習をさせるのです。

最初は「名前と好きなこと」など誰でも言えるような抵抗の少ない内容で、遊び感覚で練習させます。私は「発表ゲーム」と呼んで時間を計って行っています。しかし目的はこのゲームが上手くなることではなく、社会科などで写真や資料を見て発言する時により多くの意見を子どもたちの中から出させるためです。そこで使うために「発表ゲーム」があるのです。

もう一つは「発問を焦点化して意見を絞る」という方法です。

「気づいたことは何ですか？」というような「大きな発問」をすれば、多様な意見は出されますが、まとめていく場面や掴ませたいことが明確にある場面では有効な投げかけ方ではありません。例えば国語の詩の読み取りの場面なら、「何色が見えますか?」と問えば、「色に注目させて読ませたい」という時に有効です。

とかく教育の場では、「あまり教師が誘導してはいけない」「子どもの自由な発想の中から、うまく取り上げたい意見を抽出する」ということが意識されすぎて「何でもいいから言ってごらん」になりがちです。しかし、授業は明確な目的に向かって進めていかなければなりません。

ですから、**教師が発問や作業指示を焦点化して、大きく路線を限定してやる**ことも大切なことだと私は考えています。

子どもの意見を収束させるということは授業の狙いをきちんと絞り、バサッといらない活動を削ってしまう勇気が必要です。

「拡散ＯＫ」か「焦点化」なのかをきちんと意識して使い分けることが大切ですね。

意味のある「話し合い」をさせる

57

ペアで話させる。斑で話させる。クラス全体で話し合わせる……。いずれの場合も大切なのは**「意味のある場面」で、「意味のある話し合い」ができているか**、ということです。

何となくペアで話させて、活動させた気になっていないか。

何となく班で話し合わせて学習参加が成立したと思っていないか。

「ペアで話し合う」必要があるから話し合わせる、という大前提がブレてはいけません。

発問をした。しかしどうも子どもたちの反応が鈍い。これは発問が少し難しかったかな。ではまず隣同士で考えさせよう。これは、「考えをつくらせるためのペア学習」ですね。

次に、子どもたちから多様な考えが出てきそうだ。友だちの考えから刺激をもらってほしい、新しい考え方に触れてほしい。よし、隣同士で話させよう。いや、この場合人数を増やして班かな。これは、「考え、発想を広げさせるためのペア（グループ）学習」です。

などなど、意味のある場面で意味のある話し合いをさせていくことが大切です。

また、私は子どもたちにペアで話をさせた後に、「意味のある話し合いができた？」と必ずきいています。「ただおしゃべりしていただけじゃない？」「相手の考えわかった？」「相手の話が言える？」「ちょっとこのペアは、沈黙が続いていたよね」と、どんどん机間指導していきます。

さらに、良いことは全体に広げます。

「このペア、会話が途切れないんだよ」「少しずつしゃべって、相手に振る話し合い方、上手だなあ」「ノートを見ながらお互い話していたよね。すごいなあ」「このペアなんか相手の話をメモしていたよ。何書いていたの？」

教師は**ペアで話し合いをさせた後からが、本当の勝負**なのです。

ペアトークに逃げない。「話し合い」を隠れ蓑にしない。自戒していることです。

58 話す場面で〝極端な子〟の活躍のさせ方

「話したい！」「話せない」子に対する話です。

まず「話したい！」が強すぎる子にはいくつか対処法があります。

最初にあてる。そして最後の方にあてる。

次に、友だちに助っ人に行かせる。

友だちの発言を聞く側にまわらせる。

司会をさせる。つまりは発言の機会が多い役割をあててあげるのです。

時には三度連続であてるなど極端に対応をしてあげます。

また、たくさんの子の手が挙がっているのに、時間の関係であてられない場合があります。その時は、お隣同士で意見を交換させたり、意見をノートに書かせて、「今日取り上げられなかった意見は、先生が必ずノートを見ますからそちらに書いておいてくださいね」とします。ですから、基本的に意見はノートに書かせてから発表するスタンスが良いと思います。

反対に、話したくない、話せない子への対処法です。話せないのは、自信がないから、ということは別項で書きました。

まず教師は、「完全な意見を出そうとするなよ」という声かけができます。この声かけを何回もしていたら、五年生の子が日記に、「先生の話で気が楽になった」と書いてきたことがあります。

次に、「誰かの発言をつなげて話させる」ということができます。一人の子が発表をし出しました。残り半分くらいで、その子が何を言うか想像がつく場合にストップさせて、続きを別の子に話せるのです。「ここからつなげてお話しできる人いますか？」とききます。または、発表を渋っていたAちゃんに振ってあげるのです。

また、教師が黒板にまとめを書く時に言葉を〇〇で抜いておいて、「ここに入る言葉は？」と聞きます。これは、答えが限定されている場合どの子も安心して手を挙げることができます。これを何度も繰り返しながら**「発表」に対する免疫をつけていかせる**のです。

59 「世界で一つのノート」づくり

子どもたちがノートに愛着がわかないのは、真剣に書いたことがないからです。

真剣に書いた。

真剣に書いたノートが役立った。

真剣に書いたノートが評価された。

これらの繰り返しの中でノートを大事に思い、ノートに愛着がわいてくるのです。

ある時子どもたちに「前のノート持ってきて」と言うと、「お母さんが捨てました」という返事が返ってきたことがあります。

それ以来、「捨てられないノート」をどうつくらせるか、「捨てたくないノート」にさせるには？ということを考えるようになりました。先の例でも、自分自身がノートに愛着があればお母さんに捨てられないようにするはずです。

そこで、「世界で一つのノート」という意識を持てるような声かけをしました。

例えば、私のクラスでは日記帳は「ログ・ノート」という呼び名にしています。自分の記録をどんどん残していくノートだ、という意味です。ノートに名前を付けると途端に愛着がわくのです。「算数」ではなく、「算数達人ノート」とか、「国語」ではなく、「国語スペシャル帳」などという具合で各自で好きな名前を付けさせます。

そしてノートの書き方を指導していきます。

ノートに板書を書き写す段階がレベル1。

自分の意見がビッシリ書かれているノートがレベル2。

友だちの意見や、自分の思いついた考えやアイデア、先生が黒板に書かなかったことを書いているノートがレベル3。

本当のノートづくりは、板書以外のことを書くようになることから始まる、ということを高学年には話します。

国語のノートでは、以下のようなことを意識させます。

日付を書く。

ノートのマス目にきちんと字を書く。

取りかかる時は何について書くのか必ず題名を付ける。

自分の考えや意見を書く時は、名前もセットで書く。

自分の書いた意見は消さない。意見が変われば、横に書き直す。消しゴムはいらない。

意見は最後まで必ず書く。

自分のノートの「マークやキャラクター」を設定して、ノートを使い込む。

など一つひとつ「書き方」を説明します。

時には、中学生や、高校生、東大生の実物ノートのコピーも配ります。そして自分のノートに貼らせる。

配られた資料はすべてノートに貼らせています。

（ノートに関しては、それだけで本一冊になってしまいますので今回はこの辺にしておきます。）

「ノート」、それは世界で一つだけの自分の生きた証拠であり、記録なのです。

60 すべての子に“特別感”を抱かせる

すべての子が、「先生は自分のことを特別きちんと見てくれている」と思っている状態にしたいです。

誰かが贔屓されている、と子どもに思わせるのは良くないことですが、**「自分のことを贔屓してくれている」と全員が思っている状態**って、究極の状態ではないでしょうか？

そのように、一人ひとりときちんと向き合いたい、ということです。

今日は○○ちゃんとは話したかな。

今日は目立った子はこの子だな。

今日目立たなかった子はこの子だな。

今日話さなかったな、○○ちゃんと。

今日そういえば○○君、何か話そうとしていたな。

今日もっと一緒に遊べば良かった、〇〇君と。

その子一人を思い込んだ時間の合計が長い教師になりたい。

私たち**教師の毎日は、結局目の前にいる子ども一人ひとりにどれだけ時間を注げるか、**ですから。

Chapter6

教師をもっと楽しむ！習慣17

61 「言葉」を大切にする教室〈教師編〉

その人の知性は、「言葉」に表れます。
その人の品格は、日常遣う「言葉」で形作られます。

同僚に対しての節度ある言葉遣い。

管理職や先輩の先生に対する丁寧な言葉遣い。

これらは、教師だからということではなくて、社会人としての当然のことですね。

かつて管理職の先生で、部下である職場の先生にむかって、職員室で「そうはさせるか！」と怒鳴った人がいました。若かった私はその光景を目の当たりにして驚いたものです。

子どものことを「こいつら」と何度も言う先生にも勘弁してほしい思いでした。

パワハラまがいの発言に出会ったこともたくさんありました。

また、「言葉」は会話などのような音声表現だけではありません。「メール」もまた、言葉に気をつけなければならない媒体です。

人に何かを依頼する時や、何かを問う時のメール。

時候の挨拶を入れる、といった問題ではありません。

「誠意」「熱意」「感謝」をきちんと礼儀を持って伝えられているか、です。

私にも様々なメールが届きます。

講師依頼のメールでも首を傾げたくなるようなメールが結構あります。

初対面なのに、あまりにも友だち感覚な（軽い）文面。

研修会の申し込みなのに、名前が名字しか書いていない。所属もない。

よく「先生の常識、世間の非常識」などと言われることがありますが、このようなメールなどのやり取りを見ていて、言われてしまっても仕方がない、と思えることがたくさんあります。

その度に、自分自身もしてしまっているのだろう、とゾッとしています。

こんなこともありました。「今度知り合いが○○県で先生になるから、森川先生が○○県で勉強会をされているなら紹介してあげてほしい」旨のメールが長文で届いたことがあります。私は「その地方では定期的な勉強会はしていませんが、自分の知り合いの先生が勉強会をしているので聞いてみましょうか？　そちらに行かれますか？」といった旨のメールを返信しました。しかし、その方からの返信はなし。話を振りっぱなし、なのです。依頼している側が返信なし、これはどう考えても失礼な話です。

これではその人の信用はなくなります。

結局は、「言葉」の問題の奥にあるものです。

「言葉」にのって運ばれてくる一番の情報はその人の「意識」です。

仕事に対する意識、人に対する意識、生き方に対する意識が「言葉」として発信されているのです。

「言葉」はその人の「無形名刺」です。

そう思えば、〝変な名刺〟は渡せないですよね。

常に自戒し、気をつけていきたいことです。

62 自分の「表情」はマスクで計る

表情豊かな先生は子どもに支持されます。
当然ですね。だって、何を考えているかわからない先生は近寄りがたいです（笑）。
子どもたちは驚くほど教師の表情を見ています。
朝、教室に入ってきた第一歩、その刹那から見ています。
見つめています。
私たちは笑顔でいようと努力します。
自分の表情が「笑顔ベース」であるかどうかは、次のアイテムですぐにわかります。
そう。マスクです。
例えばインフルエンザの予防でマスクをして教室に入る。
しかし程なく私は大きな違和感を覚えます。
すごく話しにくいのです。

それは、マスクが口の前にあって邪魔だから、ということではありません。
マスクで顔がかくれているため**「表情」を話の「内容」にのせる**ことができないからです。

持ち駒を一つ封じられたような感じです。

この違和感は、その先生にとって「表情」がなくてはならないものになっている証です。

マスクをして話すことに何の違和感もなかったら、日頃から能面のような表情で話しているということです（笑）。

マスクをして教室に入ってみてください。自分の表情と向き合うことができます。

63 質問上手＝授業上手

研究会や会議で、「質問が3つあります」と言う人がいますが、それは反則です。質問は一つに絞りましょう。多くの人と時間を共有しているのです。一人が三つも質問していると答えるほうも一つ目の質問は忘れてしまいますし、時間がかかります。

質問は自分が一番聞きたいことをズバッと一つ質問します。

余談ですが、セミナーや研究会で〝事務局のスタッフ〟が質問をすることがあるのですが、それも反則です。誰も質問がなく、場が硬直している時ならそれは「対応」になりますが、参加者で挙手している方がいるのに事務局が挙手しているのは見るからに残念な光景です。

やはり「質問」も「授業」も気配り、配慮です。「質問上手」は「授業上手」なのです。

64 司会上手＝授業上手

親切と思ってしていることが、〝よけいなお世話〟、ということはよくあります。

例えば司会。司会はいちいち繰り返しません。職員会議で議題が終わる度に内容をもう一度復唱することがありますが、それでは倍時間がかかってしまうので逆に迷惑です。

また、司会が悦に入って話すのもやめましょう。誰も発言せずに、話題提供として司会が話すのはわかります。それから、どうも話し合いの中身がずれている、深まらないという時に司会が発言し、調整したり、盛り上げたりする時もわかります。

しかし、参加者や協議者がどんどん話している、または発言したい素振りが見られるのに「司会の私が言うのもなんなんですが……」と話し始めてしまう場合があります。「司会の私が……」とわかっているならやめればいいのです。

司会というポジションは本当にその人の力量、意識が表れる、難しいポジションなのです。「司会上手」は「授業上手」なのです。

65 "新鮮さ"を追い求める

我々教師という仕事につく者は、子どもたちに最前線で接している職業です。だからこそ、「新鮮さ」が求められます。

例えば同じ学年を続けて持ったら、ある程度の要領はわかってきます。しかし接している子どもは当然ながら変わります。なかなか同じようには上手くいきません。

リセットして、新鮮な気持ちで勝負したいものです。

新鮮なネタや、新鮮な料理法で勝負したいものです。

慣れや、こうすれば上手くいく、ということの蓄積はもちろん大事です。しかし、それが「惰性」や、「流れ作業」のようになってはいけません。

昔一緒に勤めていた先生に、「私はいつも三年生だから…」と笑顔で（笑）話をされている人がいました。「だから…」の後は敢えてここでは書きませんが、そのような気持ちで関わられている子どもたちが可愛そうです。

同じことをやるにしてもちょっとアレンジを入れて変えていく。

同じ単元でも違うアプローチにしてみる。

行事が同じ流れでも、セリフを変えてみる。

同じ学年だからこそ、改良できる有意性もたくさんあるはず。そこを上手く利用して、少しでも良いものにできるといいなあと思います。

子どもにとっては、「同じ三年生」というのはあり得ませんから。

もっと言うと、私たちは毎年毎年子どもたちを担任しているので、「何度目かの三年生」ということになりますが、子どもにとっては、「初めての三年生」であり、「初めての森川先生」なのです。

常に貪欲に、真摯に、子どもたちとの授業や接し方を追い求めたいですね。

66 知的な場所に行く

教師はどれだけ忙しくとも「知的な場所」に行く習慣をつけたいものです。

美術館、博物館、〇〇展…。その中でもアクセスがしやすく仕事帰りに寄れる、百貨店の催事場などで行われる「〇〇展」はオススメです。

私自身のことを言えば、最近では『リサ・ラーソン展』や、『藤子・F・不二雄展』などに行きました。北欧の陶芸家のリサ・ラーソンのキャラクターは世界的にも有名で私もキーホルダーや置物を持っています。藤子展は言わずと知れたドラえもんの原作者ですね。私の子どもの頃はまさに藤子不二雄で育ちました。

これらの展覧会には、仕事を終え、少し早めに職場を出ることで参加できます。

会場に入ると、**頭のモードがガラッと「教える」から「教わる」に変換されます**。

この、自分自身が「教わる」、学びのモードになることは私たち教師にとってとても重要です。

子ども側に立つことになるからです。

そして、**自身が学んでいる、吸収している教師から発せられる「学びの推奨言葉」には重みが生まれます。**

教師という仕事は、多くを学び、多くを遊ぶ必要があると私は思っています。**子どもたちには教科の学習だけを語るのではなく、自身の学びの軌跡や楽しかった経験を生き生きと語ることが大切**だからです。

話を戻します。〇〇展に行ってきた次の日には、子どもたちに少しでもいいので語りましょう。

案外子どもたちが後々覚えているのは、そうした先生のこぼれ話です。

先生の生活感や、先生自身が楽しんでいる姿は子どもたちの心に響きます。

生き生きとアウトプットするために、常に自身のインプットを欠かさないようにしましょう。

67 〝無形のもの〟に投資する

自分が今しゃべっていることを得るために、どれくらい投資したでしょうか。

唐突ですが、子どもの前で話すことの内容を高めるためには、自分に投資することが必要です。

本を買う。

セミナーに参加する。

教材探しの旅に出かける。

遠くでもあこがれの先生のセミナーや、講演会に出かけていく。

美術館や博物館に行く。

自分に投資をした分だけ、子どもの前で話す内容が変わってきます。

子どもとの瞬時の受け答えが変わってきます。

学んだことは確実に自分の中に蓄積されているのです。

そのうち、そういうことが楽しくてたまらない体質に変わってきます。

中毒のようになるのです。

最初はそれくらい熱中した方がいいのです。

狂気じみているくらいでちょうどです。

セミナーに出かけ、ノートにビッシリとメモを書く。

本を読み、良いところを破りとってファイルしていく。

セミナー参加後の新幹線でその日の学びについてすぐにまとめる。

セミナーを受けたり、読書をしたり、講演会に参加したり…それらを自分の身体の中に溶け込ませることを習慣にしましょう。

必ず「付加価値」を付けるのです。

夢を叶えている人には必ず、誰にも言っていない努力というものが存在します。

自分への投資とそれに伴う付加価値、そのセットで教師としてのあなたの夢を叶えてください。

68 自己投資は〝道楽〟と考える

自己投資はずばり「道楽」です。

「本を読む」

これは、と思った箇所にはどんどん「書き込み」や「折り」を入れながら読みます。読むというよりも使うという感じに近いかもしれません。私は本の折り方も三段階に分けています。

「最重要」……縦に全体を折り返す。
「重要」………大きく角を三角形に折る。
「いい感じ」…小さく角を三角形に折る。

自分だけのルールや作業とセットで読むと本の〝元〟はあっという間に取れます。
ちなみに本は、一箇所でも「折り」を入れる箇所があったら私にとって購入成功です。

「教育雑誌を取る」

せめて教師になって一校目（五年から六年の間）は教育雑誌を取って、継続的に情報を入れ続けることをオススメします。勉強になった記事だけを切り取って一つの場所にためていきます。残りの部分は捨てる。雑誌はあっという間にたまってしまいますから。

「セミナーや研修に自費で参加する」

新しい知識や方法を吸収するためにセミナーに参加します。しかし参加のメリットはそれだけではありません。講師の人の考え方、生き方を学ぶ。憧れの先生のオーラを直で感じる。同じ空気を吸うことで得られるものがあります。

セミナーは教育系だけとは限りません。書店が開催している出版記念講演に出かけてみたり、全く違う分野の人の話を聞きに行ったりするなど、あらゆる方位にアンテナを張っておくことです。

教師という仕事は、すべてのことが教材になる可能性があります。

さて、ここでちょっと余談を。セミナーや研修を外れなく受けるコツがあります。

私には、研修会の「外れ」がありません。正確には「外れた」場合の対策法があるので、結果的に「外れ」になりません（笑）。それは、「あかん、外れや」と思ったらサッと方向転換して、自分の「書く」仕事をするのです。

私はまずその日の「授業記録」を書きます。

それでも時間が続けば、学級通信を書きます。

まだ時間がある時は「何か別の原稿」を書くのです。

この方法のメリットはたくさんあります。寝ずに済む（笑）。仕事がはかどる。端から見たら熱心な受講態度に見える、ということ（何が〝ということ〟だ）ですね。

あ、この話は秘密にしておいてくださいね（笑）。


「博物館や、美術館に行く」


同時に何か一つ授業で使えそうなモノをゲットしてくるのがコツです。

そしてもう一つ濃い見学にするには、時間の許すかぎり専門のスタッフに聞きまくることです。必死でメモを取りながら聞いている人を、人はなかなか邪険にできません（笑）。

これら様々な自己投資は必ず自分の仕事に返ってきます。普通に子どもたちにエピソードを語ることもできますし、ある人と出会ったことで、生き方がガラッと変わることもあります。


自分に投資することほど、ローリスク、ハイリターンはないのです。

69 本は〝会話〟しながら読む

私の場合、「本を読む」ことと「本に書き込む」ことはセットです。「書き込み」は言うなれば「会話」です。書き込むことで、本と会話しているのです。雑な字でいいので、「そう！」とか、「同じ！」という風に書き込んでいきます。そして、もう一度必ず戻ってきたいページは、大きく縦折りします。

また、授業のアイデアや、授業で使えそうなネタを思いついたら、ページの余白に書いてしまうこともあります。改めてその本の〝折り〟の入っている箇所だけを見返していくと、書き込みも見えてきます。その作業により、一冊の本を繰り返し使っていることになります。そのことを考えれば、本代など安いものです。

また、このような話は子どもにもしてあげると良いでしょう。

高学年の子どもたちは、「知恵」のある話が好きです。

学校では教科の内容は教えてくれるけど、勉強の仕方、コツのようなものは、先生は教えてくれなかった、というような記述をビジネス書などで読むことがあります。

そうは言わせないぞ、と思います。

学校でも、**教科の内容と同時に、「本の読み方」、「メモの仕方」、「時間の使い方」などをどんどん教えていく**のです。

そしてそれは、担任の先生自身が学んでいる姿を見せることにもなります。

話を「本の読み方」に戻します。

書き込みをするためには、**本を読むであろう場所に必ず筆記具を配置しておく**ことも重要です。

書こうと思った時に、パッと書ける、というのはストレスがたまりません。

本を読む自分なりのスタイルを持つことは、効率よく仕事をしたり、自分の仕事をよりよくしていくための大事なツールなのです。

70 全肯定しない

様々なセミナーに出かけたり、本を読んだり、人に直接聞いたりして我々は学びます。
そこで、自分も真似てみる。しかし、なかなか結果は出ない。
そんな時、いつまでもそのことに付き合っている必要はありません。
トコトン試して結果が出ない時は、それはあなたの教室に合っていないのです。
そしてあなた自身に合っていない。
いくら尊敬する先輩でも何でもかんでも真似してする必要はありません。
怖いのは全肯定してしまうことです。
全肯定してしまうと思考停止になります。
自分のクラスの子たちにとってどうか。
自分のクラスのAちゃんにとってどうか。
この単元にとってどうか。

そんなことを考えられると良いですね。

しかし、矛盾することを言うようですが、このようなことを自分で考えられるようになるには、様々な実践を真似したり、追試したりして試さなければなりません。

試行錯誤の絶対量が少ないと、自分のクラスに合っているかどうかがそもそもわからないのです。

最初から取捨選択するような力量はありません。

何が良くて、何が良くないのかがわかるようになるために、まずは色々と試してみるのです。自分自身が今もそうです。

学んでは試して…の見極めを繰り返しているのです。

「全肯定しない」ということは、たくさん試した人だけがコップから水が自然と溢れ出すように実感するものなのです。

71 〝残念な人〟を愛する

自分のスイッチを押してくれるのは「残念な人」です。
子どもを蹴散らす人。
後輩の意見を受け付けない人。
根も葉もない噂をまき散らす人。
差別する人。
職員いじめをする管理職。
しかし、自分の人生の中に表れる「残念な人」は確実に自分を奮起させてくれます。

今、駆け出しの先生方の「残念な人話」を聞くことが多くなってきました。もちろん自分の力量のなさのために周りに迷惑をかけることもありますし、その時は反省し、学び、次に生かさなければなりません。しかし、明らかに理不尽な時はそれを大いなる〝糧〟にできるのです。

駆け出しの頃、ある研究会の代表で校長をしている人に、「あなたは○○の研究会に入っているやろ。はよそこ抜けんと駄目になるで」というようなことを公衆の面前で言われたことがあります。しかし、私はその研究会に入ってもおらず、根も葉もないことで、私には何のことかわかりませんでした。驚きました。それを言っているのが、校長（で、その会では会長）という仮にも大きな立場にいる人だったことが余計に残念な気持ちがしたものです。

しかし、この時ハッキリとした「教師としての駄目な行く末」のイメージができました。こういう教師には絶対になるまい、そのことを具体的にイメージできたのです。

「決めつけて話す」「礼節を欠く」「傲慢さ」「相手の話を聞き入れない」…等々、子どもに接する教師として絶対に持ち合わせてはいけないものをすべて持ち合わせている具体的人物と出会えたわけです（それにしてもこの人が子ども相手にどう接してきたのかを考えると寒気がしますね）。

実はこのような人物は一人ではありませんでした。しかし、私がこうして原稿を書けているのも様々な「残念な人」から山のように学んできたからです。

私は「神様が自分を成長させるためにまた〝残念な人〟を刺客として送り込んでくれているのだな」と思う習慣を持ちました。

誰でも人生の主人公は「自分」です。

映画でも、ドラマでも、主人公が様々な困難や敵に出会うからこそ話は面白くなり、盛り上がります。それは自分の人生にもそのままあてはまります。**「残念な人」は自分の人生を高めてくれる重要な登場人物**なのです。

残念な職場に勤めているなあ、と嘆いているあなた、それはあなたが大きく脱皮できるチャンスを特別にもらっているのです。

72 自分にとって〝幸運な人〟を見つける

真正面から幸運を運んできてくれる人との出会いは逃してはなりません。

出会おう、というより正確には出会っている時に〝気づく〟ことです。

ギフトをくれる人に出会おうと自分から思っても、なかなかそう上手くはいきません。

しかし、必ずそのような出会いはあります。

自分の仕事に真摯に向き合っていると、必ずそのような「幸運な人」との出会いが待っています。たくさん本を読んで、つねに意識しておく頭の準備も必要です。**出会った時に気づける感度を磨いておく**のですね。

そしていよいよ出会った時に、気づけるか。〝モノ〟にできるか、です。

「あ、今だ！」と気づけるかです。

毎日を勝負して生きている人に憧れを抱いていたら、気づけます。

職場でこの先生だ、と思ったら話しかけましょう。

セミナーでこの先生だ、と思ったら質問しましょう。

この本だ、と思ったら何度も読みましょう。幸運な人は何も直接会うとは限りません。幸運な〝本〟かもしれません。

自分を変えてくれる運命の一冊に出会うこともあるのです。

私はそのような一冊は常に自分の視界に入るところに置いて、何気なくパラパラとめくっています。

ダイヤの原石が目の前にあっても素人にはわからないように、自分にとっての「幸運な人」が目の前に表れた時に意識がなければスルーしてしまいます。

自分の理想となる教師像を具体的にイメージして、〝憧れ続ける〟ことが「幸運な人」と出会った時に気づける大いなるコツです。

良い「癖」をつける

73

私は新任研修の時から講義メモの横に、自分のアイデアを書いていました。

「お、これやってみたい！」「これ言ったらどうなるんだ？」ということを研修で書いたことの横に「マイ」と書いて、書き付けていたのです。

今だから言えることですが、アイデアの方に夢中になってそのままノートにビッシリと書いて「何の講義だったっけ？」ということもありました。

本でも同じです。

本を読んでいると、どんどんアイデアや言葉が沸いてきます。それを行間や余白に書き付けながら読みます。

こういうことを続けているうちに、セミナーを聞いている時に「アイデア」が思い浮かぶカラダになっていました。本を読んでいる時に「アイデア」が思い浮かぶカラダになっていました。

アイデアが思い浮かぶシステムが私の身体の中に構築されていたのです。

平たく言うと、「習慣」になっていたのです。

そこで私は、〝こうなりたい〟ということを「習慣」にしてしまうことを考えました。

「アイデアがポンポン浮かんでくるようになりたい」と思えば、浮かんでくるシステムを自分の癖にしてしまう。「いつでも子どもの良いところをメモできるようになりたい」と願うなら、それが「習慣」になるまでとにかくメモを取り続けてみる。

本屋さんにいる時にアイデアがよく浮かぶことがあります。そこで、本屋さんを出てからアイデアを本屋の前でメモすることを始めました。すると、より本屋でのアイデアが沸き出してくるようになりました。

散歩中にアイデアがよく浮かぶからと、散歩に携帯電話を持っていくようになりました。すぐにアイデアを送信メール欄に打ってメモできるからです。すると、散歩中にどんどんアイデアが出てくるようになりました。

いずれも「習慣」にしてしまっているのだと思います。

もっと言うなれば「癖」にまでしてしまうのです。

鏡であると心得る

74

子どもの笑顔は、教師が笑顔でなければ生まれません。

子どものやる気は、教師にやる気がなければ生まれません。

子どもの拍手は、教師が拍手をしなければ生まれません。

結局は、鏡なのです。

担任の（担当の）先生の姿を、子どもが鏡となって映し出しているのです。

子どもたちに笑顔がなかったら、まずは自分が笑顔がないと気づきましょう。

子どもたちに元気がなかったら、自分が元気がないのだと思いましょう。

子どもたちが一人の子ばかりを攻撃したり、監視したりするような傾向なら、教師がその子にばかり注意したり、常にその子を監視している状況になっているのです。

子どもたちは赤裸々に教師としての自分の姿を映し出します。

子どもたちを変えたいと願うなら、自分がまず変わることです。

75 「体力」から「知恵」へシフトする

子どもと外で元気よく遊んでいますが、毎日毎日遊ぶことが体力的にきつくなってくる時がきます。

しかし、人間はうまくできているもので、バリバリの「体力」で勝負できる二十代・三十代から、「知恵」で勝負する四十代・五十代へとシフトしていけば良いのです。

いくつになっても子どもたちと元気に走り回れるのはとっても素敵なことですし、そうありたいものですが、走り回れなくなっても気にすることはありません。

遊びの「知恵」を貸す。

「知恵」で遊びを面白くする。

鬼ごっこなら、知恵でうまく隠れ場所を探す（笑）。

その年代なりの先生の魅力を最大限生かして子どもたちと付き合いましょう。

ただ……**歳を感じさせない魅力に溢れた先生**になりたいですね。

76 自分にとっての〝ニッチ〟を探す

「ニッチ」は、「適所」や「シェアが持てる部門」という意味です（『現代用語の基礎知識』２０１０年版より引用）。

例えばシャープの「液晶」。

例えば劇団四季の「ライオンキング」。

〝勝てる〟という部分で徹底的に勝負するのです。

教師の場合「勝てる」というのは、「子どもたちと勝負できる」と言い換えられます。

これは、「教師」という世界で仕事をしていく上で、「〇〇先生」というブランドを確立したいなら心がけたいことです。

「△△といえば、〇〇先生」という具合にです。

あなたが得意とする分野は何ですか。

あなたが好きな分野は何ですか？

自分の良さを発揮するためには、まず自分の「ニッチ」で攻めることです。

言い換えれば「妥協しない部分」。

水泳の指導では妥協しない。

作文の指導では妥協しない。

音読では妥協しない。

計算練習なら妥協しない。

もっと範囲を狭めて言うと、子どもの発表には妥協しない。

子どものノートには妥協しない。

漢字指導には妥協しない。

給食指導には妥協しない。

小さな小さなところから始めればいいのです。

あなたにとっての「ニッチ」を探して、そこで勝負していくのです。

信念を発揮できる「ニッチ」を探し、そこで勝負していく。そこから、「あなたらしい仕事」「あなたしかできない仕事」がスタートします。

私はそれが「書くこと」でした。

教師を目指していた学生の時、「書くこと」の楽しさを子どもたちに伝えよう、様々な楽しい書くことを子どもたちに紹介しよう、と決めていたのです。

そのように「こだわり」があれば、意識が高いので、子どもたちの悩みにも反応しやすくなります。

私は教師になって、「こんなに書くことが嫌いな子がいるのか」と痛切に感じました。そこからの出発でした。

自分だけの「ニッチ」を持てば、少なくともその部分では、子どもに対し、素早く反応できます。

そこを中心として授業を、学級をつくっていくのです。

「ニッチ」はニッチだけに終わりません。

自然とその周辺のこともできるようになっていくのです。

77 「先生らしい」ではなく、「○○先生らしい」と言われるために

「○○」にはあなたの名前が入ります。

私は「教師」という仕事は、自分の天職だと思い込んでいますが（笑）、その先に行きたいと思っています。

「先生らしい」と言われるのではなく、「森川先生らしい」と言われたい――。

自分が、信念を持って仕事をしていれば仕事ぶりにその人のカラーがにじみ出てくるものです。

「教師」という仕事も同じです。何か一つでも、〝これは譲れない〟という信念を持って子どもに接したいものです。

〝できる〟先生を見ていると、「教師」という枠にはめられないその人の持つパワーというか、オーラがあります。

〝できる〟先生は、「教師」であること以前に、「生き方」を視野に入れているのです。だから話す内容は深いし、面白いし、驚きがある。

「生き方」は職種を問わず一貫しています。

「生き方」は職場を問わず一貫しています。

一貫した「前向きな姿勢」はその人をエネルギッシュに魅せます。

一貫した「あきらめない心」は他人からの信頼を生みます。

「教師」という仕事の先に、その人の生き方がにじみ出てくる「自分」になりたいですよね。そんなことを考えながら毎日をコツコツ勝負していきましょう。

「先生らしいね」ではなく「○○先生らしいね」。そう言われたら「教師」として最高の勲章ではないでしょうか。

それはまさに、「自分」を生きていることになるのですから。

「自分らしく」は意識してなろうとするものです。が、主張するものではありません。ましてや、「自分らしく」が〝逃げ〟の言葉になってはいけません。

「自分らしく」生きているかどうかは、信念を持って生きていれば周りが評価してくれるものなのです。

エピローグ

教師は叱るのが仕事と勘違いしている先生がいます。
教師の仕事はそうではありません。
我々教師の仕事とは、一言で言い切ることはできません。
子どもたちに知識を与え、
思考する楽しさに気づかせ、
夢を持つことの尊さを発見させる…。

目の前にいる子は、将来総理大臣になるかもしれません。

目の前にいる子は、将来映画スターになるかもしれません（今のうちにサインをもらっておきましょう（笑））。

目の前にいる子は、将来誰も発見できなかった遺跡を発見するかもしれません。

目の前にいる子は、将来作家になるかもしれません。

それだけ大きな大きな可能性を秘めた子どもたちに関わる、という仕事です。

そのことを意気に感じて、精一杯子どもたちと接していきましょう。

なりたくてなった先生です。つらいこともありますが、日々を輝くものに変えていきましょう。

輝きは些細なことで得られます。

日常を輝かせる種は、実は周りにたくさん落ちているのです。

本書で扱ってきた様々な〝種〟を意識し、「習慣」という名の花を咲かせてください。

教師の「習慣」は教師の「生活」を変えます。

さあ、本書が教師としてのリスタートです。


最後に一つ、とっておきの「習慣」を…。

失敗ではなく、「経験値なのだ」という習慣。

成功も失敗も本人の意識が決めています。

「失敗」を、「単なる失敗」と捉えるか、「貴重な経験値」として捉えるか、どちらの習慣が〝お得〟かは明白ですね。

いつかどこかで、この本を読んでくださったあなたとお会いする機会がありましたら、お互い「ステキな習慣」を紹介し合いましょう。

それでは、また、ご一緒に……。

最後になりましたが、本書をまとめるにあたり、明治図書の林知里氏には大変お世話になりました。感謝申し上げます。

今日も子どものノートと格闘しながら　森川　正樹

【著者紹介】

森川　正樹（もりかわ　まさき）

兵庫県生まれ。兵庫教育大学大学院言語系教育分野（国語）修了、学校教育学修士、関西学院初等部教諭。全国大学国語教育学会会員、教師塾「あまから」代表。国語科の「書くことの指導」「言葉の指導」に力を注ぎ、「書きたくてたまらない子」を育てる実践が、朝日新聞「花まる先生」ほか、読売新聞、日本経済新聞、日本教育新聞などで取り上げられる。県内外で「国語科」「学級経営」などの教員研修、校内研修の講師をつとめる。社会教育活動では、「ネイチャーゲーム講座」「昆虫採集講座」などの講師もつとめる。

著書に、『言い方ひとつでここまで変わる教師のすごい！会話術』『あたりまえだけどなかなかできない教師のすごい！仕事術』（以上、東洋館出版社）、『先生ほど素敵な仕事はない？！』『クラス全員が喜んで書く日記指導』『小１～小６年“書く活動”が10倍になる楽しい作文レシピ100例』『学習密度が濃くなる“スキマ時間”活用レシピ50例』（以上、明治図書）、『どの子も必ず身につく書く力』（学陽書房）他、教育雑誌連載、掲載多数。

教師のためのスケジュールブック『TEACHER'S LOG NOTE』（フォーラム・A）のプロデュースをつとめる。

【社会教育活動】

「日本シェアリングネイチャー協会」ネイチャーゲームリーダー／「日本キャンプ協会」キャンプディレクター／「日本自然保護協会」自然観察指導員／「CEE」プロジェクトワイルドエデュケーター
【ブログ】

森川正樹の“教師の笑顔向上”ブログ（http://ameblo.jp/kyousiegao/）

できる先生が実はやっている
学級づくり77の習慣

2015年４月初版第１刷刊　Ⓒ著　者　森　川　正　樹
2020年１月初版第10刷刊　発行者　藤　原　久　雄
発行所　明治図書出版株式会社
http://www.meijitosho.co.jp
（企画・校正）林　知里
〒114-0023　東京都北区滝野川7-46-1
振替00160-5-151318　電話03(5907)6703
ご注文窓口　電話03(5907)6668

＊検印省略　組版所　株　式　会　社　カ　シ　ヨ

Printed in Japan　ISBN978-4-18-182914-8